非宗族乡村

◆

石峰 著

——关中『水利社会』的人类学考察

中国社会科学出版社

图书在版编目(CIP)数据

非宗族乡村:关中"水利社会"的人类学考察/石峰著.—北京:中国社会科学出版社,2009.3

ISBN 978-7-5004-7660-3

Ⅰ.非… Ⅱ.石… Ⅲ.农村—宗族—社会人类学—研究—陕西省 Ⅳ.C912.82

中国版本图书馆 CIP 数据核字(2009)第 027277 号

责任编辑　黄燕生
特邀编辑　骆　珊
责任校对　李　莉
封面设计　大鹏工作室
技术编辑　戴　宽

出版发行　中国社会科学出版社
社　　址　北京鼓楼西大街甲 158 号　　邮　编　100720
电　　话　010－84029450(邮购)
网　　址　http://www.csspw.cn
经　　销　新华书店
印　　刷　新魏印刷厂　　　　　　　　装　订　广增装订厂
版　　次　2009 年 3 月第 1 版　　　　印　次　2009 年 3 月第 1 次印刷
开　　本　880×1230　1/32
印　　张　8.375　　　　　　　　　　插　页　2
字　　数　246 千字
定　　价　29.80 元

　　那么在大族缺失的社会里，是哪些组织力量在起作用呢？本书拟从关中"水利社会"来透视这个问题。

　　在关中众多水利系统中，本书选择了两个富有代表性的水系作为例子，即泾惠渠和清惠渠。一般把前者称为"官渠"，后者称为"民渠"。不论是建设和管理，泾惠渠一直都是政府组织在起主导作用。但在某些时期，其基层管理也依赖了民间组织"水老会"。清惠渠的主导性组织是跨地域的水利联合组织。另外，宗教组织也被深深卷入到民间的水事活动中。民间娱乐组织"社火"在对地方水利管理方面也起着一些象征性的作用。

　　以关中"水利社会"作为个案，本书在结论部分讨论了两个较为重要的问题。一是明确提出"人类学观察汉人乡村社会的两种模式"，即"宗族乡村"模式和"非宗族乡村"模式。目的是从亲属之外（beyond kinship）来重新认识中国乡村社会的复杂性。二是对多样性的中国乡村社会，试探性地建立一个解说框架，亦即本论著的主题——"组织参与的力量性与缺失性置换"。

内容提要

作者的主要关怀是探讨在大族（规模大且力量强的血缘群体）缺失的社会，何种组织力量在牵引地方社会的运转。

林耀华、库铂、弗里德曼以后，"宗族组织"便成为中外人类学家观察中国社会的一个重要议题。学者们基于南部中国的经验，讨论了"宗族组织"形成的原因、结构与功能等诸多学理性的问题。然而人类学基于个案研究得出的结论，并不能涵盖中国这个辽阔的充满地域差异性的国家实体。有的学者已洞察到了这种差异性，他们认为在北中国地区，其社会面貌便呈现出与华南地区迥然有别的另一种状态。与南方相较，北方的宗族在规模上相对来说要小得多。仅有的大族在时空范围内也呈零星分布，并且它外在的凝聚性符号（族产、祖坟、家谱、祠堂）也不那么明显和突出，进一步地它在社区中的作用也不是支配性的。

在作者的田野点陕西关中地区（陕西中部），历史学家（秦晖，1993、1995）对该地区的研究已得出一个基本的结论，那就是在历史上这里阶级分化不那么明显，自耕农是社会的主体，相应地宗族力量在地方舞台上也不活跃。

目　　录

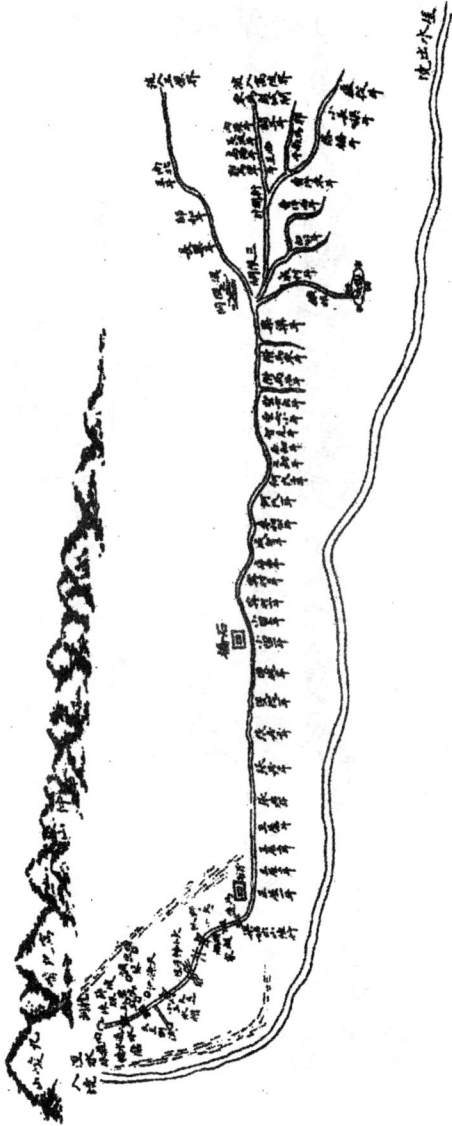

龙河渠图 一

冶渠图第二

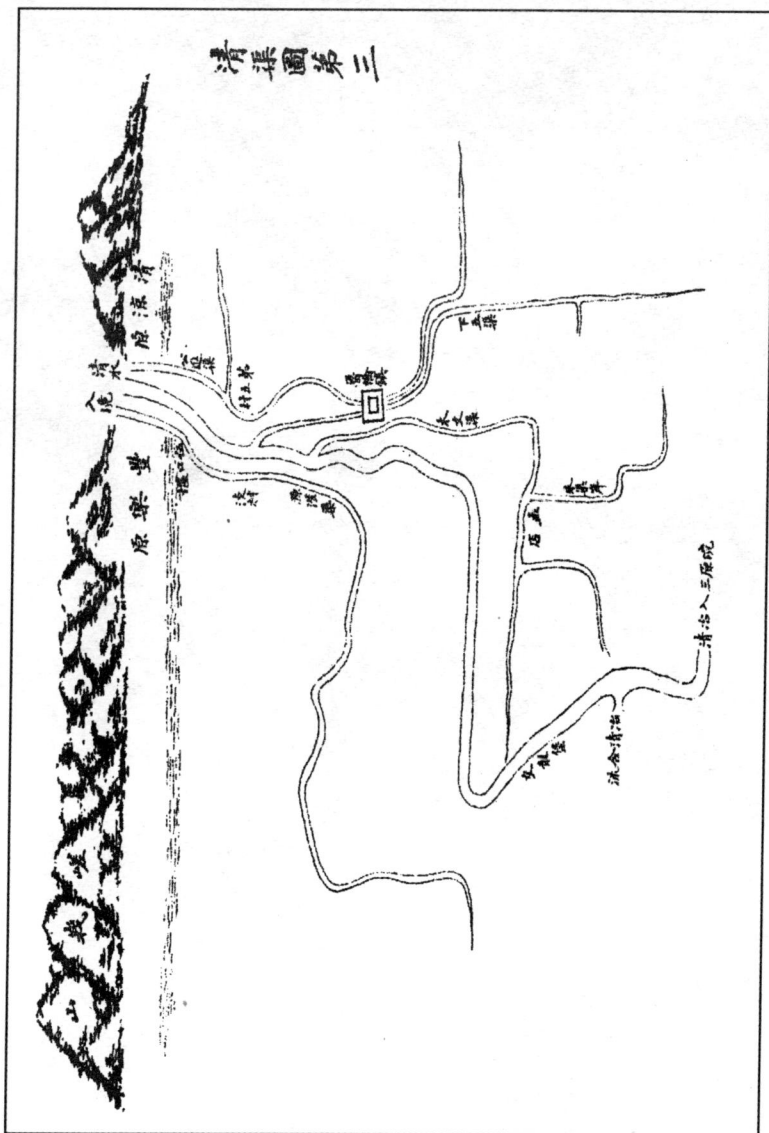

资料来源：宣统《泾阳县志》。

第一章 导 论

一 走进关中

当我准备前往陕西关中进行田野调查时，公历进入了2004年，农历的春节还没结束。早春时节，乍暖还寒。人们在春节这个仪式的"反结构"过程中还在进行各种社会文化的操演。

在南方的家乡，我对家人表达我要北上的意思时，他们没有反对。一位姻亲长者却郑重地对我说："要走可以，但在年关可不能随便出门，看看日子吧。"他拿出一本民间印刷的《万年历》——春节期间这一类的民间印刷品随处都能见到出售——在"2004年逐日择吉通书"部分的首页是这样一些话：

五龙治水，二牛耕田，二日得辛，七人分丙。

岁德在甲，岁德合在巳，岁枝德在丑，岁禄在寅，岁马在寅、三合前方在艮寅、甲卯、乙辰，三合后方在坤申、庚酉、辛戌。十二吉山宜：申子辰寅午戌年月日时。

太岁在申，岁破在寅，动煞在巳，灾煞在午，月煞在未，坐煞在丙丁，向煞在壬癸，浮天空亡在离壬，阴府太岁在艮巽，六害在亥，岁刑在寅，破败五鬼在巽。五行属泉中水。

关中平原

这段充满"风水"意味的话语大体意思是讲人生的吉凶是具有时间性的。在随后的篇幅中，是整个年度每月每日的"宜忌"事项，以表格的形式来传达其基本内容。我说准备正月初三走，老人翻到正月部分，看了看说："初三可能不行，你自己看吧。"我接过书来，上面初三栏这样写道："宜：沐浴、扫舍宇。忌：祭祀、出行、修仓库、开仓库、出货财、开渠。"我说我的时间比较紧，不能再延期了。"那看初四行不行？"

"初四是这样的，宜：祭祀。忌：嫁娶、修造动土、竖柱上梁、破屋坏垣、破土、安葬。""只要没有忌出行就可以。"得到老人的同意后，我买了初四北上的火车票。人的行动就这样被文化左右着。

在北京我办完相关的手续后，踏上了前往西安的火车。在陕西师范大学与历史系一位从事历史地理研究的教授座谈后，他建议我到三原县去，"那里比较能代表关中文化"。第二天，我坐上汽车花了一个多小时就到了三原县城。

快到正月十五了，节日的喜庆气氛正浓。除了一些我熟悉的在其他地方也能见到的文化现象外，具有地方特色的"秦腔"对我震撼最大。高亢而含有丝丝悲凉的声音每天在大街小巷都能听见，有的从正在演出的戏班传出，有的从商店的录音机里传出，让我这个南方人感受到了北方的粗犷和宽广。县文物局一位副局长热情好客，他拿了一本新编的县志给我，"你先看看县志，大体了解一下三原的情况。对了，十五那天在城隍庙有社火演出，你去看看，三原的城隍庙可是陕西现存最大的城隍庙。"

社火，当地俗称"社呼"，是陕西比较古老的一种民间活动。1949年以前，社火一般都是民众自发组织演出，多以村为单位，也有几村合伙结社的。演出前，先以红帖通知富户、商号或其他村寨。演出后由收帖者发给麻花、点心、香烟或钱。1949年以后，大多由社、队集体组织演出，费用由集体开支。20世纪80年代以来，组织形式多样化，既有集体社火队，也有村民合伙自发组织的表演组。耍社火的时间一般在农历正月初八至十五。内容有芯子、高跷、狮子、竹马、火龙、贼打鬼、旱船、大头娃等。

当前的社火表演，据董晓萍（2001）在邻县泾阳的调查，其组织过程是这样的：

"春节前，由镇政府下红头文件，派镇机关17位干部下乡，包干到村，通过村委会，发动本村的农民社火队进城耍社火。正月十四正式游行那天，由镇长出面带队，坐着小轿车，走在社火仪式队伍的最前面，其余参加组织工作的机关干部，以村分段，按段站位，一律列头一名，负责照管本段的队伍。站在队伍最外圈，是县公安局的警察，他们手里拿着对讲机，随时与镇长取得联系。据总指挥、县政法委干部说，这样做是怕出事。"

"按传统，社火表演的组织者是社首、鼓头或老把式，他们是民间社会里的精英人物，有威望、能种地，但不是村长。1999年以后，镇政府为把这个权力要过来，采取了两种方式：一是联络感情，发给每村一条香烟、两斤白糖；二是附带举行发奖仪式，给配合政府行为的社头及其社火队，按照表现程度，分别评一、二、三等奖。政府评奖，意味着村落来年利益机会的多寡，暗示了政府对各村的政治评价、社会地位和经济投入的再调整，是一种行政性的公共资源的再分配，农民不敢忽视。所以，以上两种动员方式，是一种官方与社首的利益交换，官方的筹码不轻，农民可以接受，让出耍社火的组织权。由此组成的新社火队叫'民乐圆'。"

"泾干镇社火队的特点有四个：

1）组织上，由镇政府控制。

2）通过娱乐目标，表现出地方社会的多层级结构。

关中平原的村庄

3）节目构成的新与旧、传统与现代、行政与象征的结合
方式。

4）从仪式的全过程来看，体现了官方指挥、官方时间、
官方综合资源观和官民为了演出耍社火这出戏所作出的双向
让步。"

董晓萍的观察同样适合三原的情况。

我在川流不息的人群中不断打听，几经周折来到城隍庙。
该庙坐落在城北，坐北朝南，东西宽 52 米，南北长 212 米，
占地面积 11024 平方米。整个建筑群体现了宫廷式建筑特点：
采取多层院，纵深发展，中轴为线，左右对称的布局方式。主
体建筑在中轴线北端，东西两廊及钟、鼓楼分设在中轴线两

侧，中间甬道笔直到底，其间杂有四座木石牌坊。该庙始建于明洪武八年（1375），由知县杜康祖主持修建。明清多次重修扩建。主体建筑是陕西省现存最完整的明清建筑群之一。（三原县志编撰委员会，2000：947—951）

像大多数中国的庙宇一样，在民间总会流传一些关于神明"显灵"的故事，三原城隍庙也不例外。

在民国十五年春，北洋军阀心腹刘振华率领所谓十东军（镇嵩军），为了扑灭国民革命，孤立西安，把三原县城围了个水泄不通，三原军民浴血奋战已经一百八十天了，死伤不计其数已经弹尽粮绝，连吃水都无法解决，给守城带来很大困难。

这个情况被东军首领刘振华得知，决定当晚十二时发起全面进攻⋯⋯寡不敌众，敌人眼看就要进城，在这一瞬间，城上战鼓齐鸣，一位老人骑着战马在城上指挥着奇形怪状的人在摇旗呐喊，这时攻城的东军被这突如其来的情景全都惊呆了，炮弹打在城上不开花，机枪榻火打不响，忽然一声闷雷似的吼叫："天兵天将在此。"东军大部都比较迷信，这群乌合之众，个个闻风丧胆，急急如丧家之犬，忙忙如漏网之鱼，狼狈逃窜。

天亮了，城内百姓准备慰问昨晚守城部队，但到处寻找杳无踪迹，有人说，天明时有队人马到城隍庙去了。人们立即到庙内寻找，未见踪影，忽然发现城隍爷所骑泥塑战马大汗淋漓，泥塑的大小鬼个个疲倦得都低下了头，人们才如梦初醒，这时就流传开"三原城池未丢，是城隍爷

显灵保佑"。老百姓为了缅怀这位城隍老人，每年农历正
月十四、十五、十六演大戏三天，以报神灵之恩。讲述
人：李桂兰，女，50 岁，城关太平村。整理人：程金龙，
城关文物通讯员。（三原县民间文学编辑委员会，1989：
356—357）

历史上中国的城隍庙是官方认可的庙宇。王斯福（Stephan
Feuchtwang）对清代台北的宗教体系进行考察后认为，作为治
所象征的两个官方信仰机构，就是孔庙和城隍庙，这两个庙宇
都是与正规行政层级中的衙门相联系着的。在郊外祭坛举行的
严肃的官方仪式中，城隍神是以神主来代表的，但百姓礼拜的
城隍神，却是一尊坐在衙门般的庙宇中的神像，他的印绶也就
是冥间知县的印绶，人们把它看作是有法力的神器。（王斯福，
2000：699—730）马丁（Emily M. Ahern，1981）从"人际交
易"（interpersonal transaction）与"非人际交易"（non-interper-
sonal transaction）等诸方面探讨了中国宗教与政治的同构性，
指出宗教的社会功能之一是官方用来对大众进行思想上的控
制。气势恢弘的三原城隍庙暗示了昔日强劲的官方力量在当地
所具有的压倒性地位。

年节终于过去，人们又回到了正常的"结构"状态。我在
阅读县志的过程中，对三原的过去与现在已有了一些初步的
认识。

三原县位于关中平原北部，东接临潼，南接高陵，西邻泾
阳，北靠耀县，东北连富平，西北接淳化。三原之名始于苻秦
三原护军。境内原隰相望，水利得天独厚，盛产粮棉蔬果。明

时，县城已发展成东连晋、豫，北通延、榆，西达甘、凉的货贸集散地，时为渭北商业中心，关中文化名城，有"小长安"之称。

现县辖区域，秦属北地郡，汉属左冯翊，为汉池阳东北隅。前秦苻坚皇始二年（352）设三原护军；北魏罢护军，置三原县，属北地郡。孝明帝诏改三原县为建忠郡；北周武帝废郡，仍为三原县。唐武德四年（621），改县为池阳县；武德六年，析县为二，南北分治。华池县居北，治所在新永安镇；三原县在南，治所在任城，皆隶北泉州（今云阳）。唐贞观元年（627）撤泉州，并华池县为三原县，隶北雍州。唐会昌年间，奉诏与富平、高陵调整区域，县境整体南移十数里，基本固定至今。五代至宋末，县名沿称三原，先属大安（西安），后属耀州。元至元二十四年（1287），县治迁至龙桥镇，即今县城，七百多年再无变更。

民国时期，先实行省、道、县三级建置；后废道，在省、县间设行政督察区，属咸阳行政督察专员公署（为省第十区）。

1949 年 5 月成立县人民政府。1984 年起，列为咸阳市辖县。至 1994 年底，全县有四镇，即城关镇、鲁桥镇、西阳镇、大程镇；十三个乡，即高渠乡、安乐乡、渠岸乡、独李乡、陂西乡、徐木乡、新庄乡、张坳乡、新兴乡、嵯峨乡、洪水乡、陵前乡、马额乡。乡镇分辖十一个居民委员会，四百二十一个村民委员会。

全县总面积 576.9 平方公里，1994 年实有耕地 52.11 万亩（其中水地 36.99 万亩），人口 37.6 万，人均占有耕地 1.39 亩，河流有清峪河、浊峪河和赵氏河三条水系。全县按自然地

貌，分为西北山地、北部台原和南部平原三个区域。（三原县志编撰委员会，2000：概述）

我慢慢被志书前面的一张图片所吸引。那是一张从空中拍摄的水渠鸟瞰图，题为"泾惠渠总干渠"。我从来没有见过这么壮观的水利工程，水渠如黄龙般在关中平原上蜿蜒爬行，相伴其旁的是青绿色的麦地和大大小小的村庄。我迫不及待地翻到志书的"第七篇　水利"，快速浏览了其中的内容，上面提到泾惠渠的源头是战国时期伟大的水利工程郑国渠。心想"郑国渠怎么现在还在用啊"，这引起我莫大的兴趣。当晚，就这个问题我电话请教了陕西师范大学历史系的王教授。

村庄中的关帝庙

"水利在关中很重要吗？"

"是的，特别是你所在的渭北地区。"

"泾惠渠是不是以前的郑国渠?"

"是的,关中水利工程有所谓的'八惠',泾惠渠是最大的。"

"在三原有哪些水利工程?"

"除了泾惠渠,另外还有清惠渠。"

"我想考察一下三原的水利,您认为怎么样?"

"可以试试!"

第二天,我就同样的问题请教了县文物局的王副局长。

"我想调查一下三原的水利情况,到哪个乡镇去恰当呢?"

"泾惠渠管理局在三原县城,清惠渠管理局在鲁桥镇,你到鲁桥去吧!"

下午,坐上一辆三轮摩托车,半小时便到了鲁桥镇。县志是这样介绍该镇的:"鲁桥镇,位于县城西北部丰原原坡下,俗称'桥头'。南距县城7公里,4条县级公路(三洪、三新、三马、三鲁)交汇,是北部原区出山口。镇区占地1350余亩,人口7200人,城镇建设初具规模。镇建于元代,至明末清初有相当规模,是闻名西北的历史名镇。周围有孟店古建、东里靖国花园、清凉寺遗址,早年文化发达,正谊书院位于镇北门外。"(三原县志编撰委员会,2000:75)

至此,便开始了我对关中水利的人类学考察之旅。

二　选题的意义

作者的主要关怀是探讨在大族(规模大且力量强的血缘群

体）缺失的社会，何种组织力量在牵引地方社会的运转。

　　林耀华、库铂、弗里德曼以后，宗族/家族便成为中外人类学家观察中国社会的一个主要议题，且形成一个支配性的"范式"。学者们基于南部中国（主要是长江中下游、珠江三角洲和台湾）的经验，讨论了宗族/家族形成的原因、结构与功能以及它们的社会作用等诸多学理性的问题，得出了丰富且富有价值的学术成果，为进一步作学术延伸打下了坚实的基础。然而人类学基于个案研究得出的结论，并不能涵盖中国这个辽阔的充满地域差异性的国家实情。有的学者已洞察到了这种差异性，他们认为在北中国地区，其社会面貌呈现出与华南地区迥然有别的另一种状态。与南方相较，北方的宗族规模相对来说要小得多，仅有的大族在时空范围内也呈零星分布，并且它外在的凝聚性符号（祖坟、家谱、祠堂和族产）也不那么明显和突出，进一步地它在社区中的作用也不是支配性的。但这也不是说北方就没有大族存在。以上结论在总体上可以如是说，因为即使在北方同样也存在地区性异态。

　　需要强调的是，对中国社会的研究我们不应忘记马林诺夫斯基的提示。他在评论费孝通的《江村经济》时曾提出传统人类学的研究应该有一个大转换，即从"简单社会"向"复杂社会"的递进。他说："未来的人类学不仅对塔斯马尼亚人、澳洲土著居民、美拉尼西亚的特罗布里恩德群岛人和霹雳的俾格米人有兴趣，而且对印度人、中国农民、西印度群岛黑人、脱离部落的哈勒姆非洲人同样关注。"（费孝通，2001：15）早期人类学受启蒙思想的影响，目光只关注到所谓的"原始社会"。霍布斯、卢梭等启蒙思想家在建构他们的"国家"理论时，都有一个前提假使，认为在国家（政府）产生之前有一个"自然状态"；这个"自然状态"或好（卢梭）或坏（霍布斯）。人们为了种种原因和需要达成"契约"，最后国家（政府）就这样产生了。然而人类学家对处于自然状态下的"原始社会"进行研究后发现，即便没有一个高高在上的权威（国家）存在，人们仍然过着一种秩序良好的生活。比如艾文思—普里查德所研究的没有政府的努儿人社会，其社会运作依赖的就是血缘纽带。不同的是对中国这样一个文明社会的人类学研究便不得不考虑"国家"的影响和作用。后来的弗里德曼为此还曾预言在世界人类学界会有一个"中国时代"的到来。与"简单社会"不同，在"复杂（文明）社会"①中，"社会"并不是一个自在的实体，在很多方面受到国家政治力量和大传统的影响和规约。相反，"国家"也同样会有来自底层的"反抗"或"共谋"。两者可能是一个相互塑造的过程。简言之，对中国底层社会的研究，"国家"的维度是不可或缺的，否则，研究是不完整的。

在我的田野点陕西关中地区，历史学家（秦晖，1993、1995）对该地区的研究已得出一个基本的结论，那就是这里在历史上阶级分化不明显，自耕农是社会的主体，相应地宗族力量在地方舞台上也不活跃（陕北却存在像杨家沟马氏这样闻名遐迩的大家族）。造成这种社会状态的原因并不是本书关心的

---

① 施坚雅在谈及他的区域理论时，认为该理论适合所有的"农民社会"。而"农民社会"与简单社会的不同之处在他看来主要有以下几点："国家、受过教育的社会精英、比较复杂的社会结构、城市体系、基层的定期集市已被整合于一更大的贸易体系中。"参见（施坚雅，2000；中文版前言）。

焦点，正如有的社会学家所言："宗族组织无论是在其发育的程度上还是在社会生活中所起的作用上，在中国的不同地区存在极大的差异，人们当然可以从不同的角度来解释其原因，如耕作的内容和特点、居民的来源等，但这里我所关心的不是差异形成的原因，而是差异形成的结果，更确切地说，是宗族组织的差异与'国家—社会关系'的关系。"（孙立平，1998：260—261）这也是本书的主要关怀所在，即这种状态所造成的结果。换句话说，这是我所要讨论的问题的一个社会背景和出发点。

在大族缺失的社会里，是哪些组织力量在其中起作用呢？本书拟从关中水利来透视这个问题。把"水利"作为对象来谈论一些社会文化问题，是人类学和社会学的一个传统做法，并逐渐形成一门分支学科——"水利社会学"。这门学科研究的内容，有的学者把它界定为以下几个方面：

"第一，从研究的侧重点上来划分，水利社会学首先应当研究与人类水利活动直接相关的社会结构，包括整个人类社会系统的大结构和作为社会有机构成的水利系统的内部结构。在水利社会学看来，人类社会是一个大系统，它是由各种不同功能的社会子系统所构成的，其中各个子系统之间存在着相互依赖的关系，整个社会体系的良性运行，就是通过各个社会系统的密切配合所实现的。再从水利系统的内部构成来分析，我们可以把社会的水利活动划分为四个具有不同功能的方面：直接的水利设计、施工和管理活动；社会各有关方面对于水资源的需求、利益和矛盾关系；各级水行政主管部门的整合工作；以《水法》为核心的水利法规体系等。

第二，水利社会学还应当系统研究人类水利活动中产生的各种社会关系。水利社会学所面对的社会关系有哪些主要方面呢？我们认为以下几种关系值得研究：（1）在水资源的占有、利用和分配问题上所有者、经营者和消费者三者之间的关系，或国家、集体和个人三者之间的相互关系；（2）各个水利产业部门之间的社会关系，也即防洪、灌溉、排水、发电、城市供水等水利产业部门之间的社会关系；（3）水利主管部门与其他部门之间的关系，乃至与经济、政治、军事、外交、文化等部门的关系；（4）水行政管理内部各个业务部门之间的关系，包括水政、计划、监察、审计等综合部门与水资源、河道、水工程管理、灌排管理、水土保持、供电管理、水文等业务部门之间的关系；（5）不同空间地域、不同社区社会人群之间的水事关系，这类水事关系既可以通过不同层次的初级社会群体如家庭、家族、邻里、小群体等的活动表现出来，也可以通过不同层次的次级社会群体如村、镇、县、市、地区、省乃至国家之间的活动表现出来；（6）水利组织内部人与人的交往关系等。

第三，水利社会学还要系统研究与人类水利活动直接相关的各种社会制度。包括水利活动本身所需要的各种管理制度。制度是社会学研究的一个重要课题，因为它既是社会的主要构成部分，也是人类文化的重要组成部分。制度的作用就在于它以法定的群体规范为准绳，来约束社会成员的社会行为，借以维持和稳定社会秩序。一个社会制度在作用范围上是有层次的，就水利社会学的研究对象而言，可以把它分为两个基本层次来研究。第一个层次，是广义上的社会制度，包括社会经济制度、人口制度、政治法律制度、思想文化制度等四个方面。第二个层次，是狭义的社会制度，即指水利活动中的各种管理制度，包括以《水法》为核心的水利法规制度，运用法律化了的规范体系，来约束社会成员合理利用水资源，正确处理各种水事纠纷；还包括综合性的水利工程评价制度，即运用技术、经济和社会的规范体系来评价水利工程的可行性，其中，水利社会学更感兴趣的是关于社会的评价标准。

除了上面两类基本的水利制度外，其他与人类社会关系密切相关的水利管理制度、日常的水利行政管理制度、水利科研和规划制度、水利职工的教育和福利制度等，只要涉及人们的社会关系，影响到人与人之间的社会交往，造成一定社会问题的，其有关内容也都应当成为水利社会学研究的目标。

第四，水利社会学还要研究水利活动中人的社会化问题。社会学的观点认为，所谓社会化，是指一个或一群文化群落从自然人成长为社会人，并逐步适应社会生活的过程。一个人学习和接受社会文化和行为模式的过程就是社会化过程。这个过程主要是经过社会教化和主体的自我内化实现的，其教化形式则是丰富多彩的。

此外，水利社会学研究的内容还有水利活动中人与人、社团组织与社团组织的社会互动；水利活动与社区发展；水利活动与社会变迁；水利活动与社会控制；水利工作与社会工作；水利事业与文化建设；水利发展与社会现代化问题等等。"（贾征、张乾元，2000：19—24）

关中水利历史久远，其功能性作用一直延伸到现在。在关中众多水利系统中，本文选择了两个富有代表性的水系作为例子：泾惠渠和清惠渠。泾惠渠的前身是历史上有名的郑国渠，该渠跨度宽，工程难度大，自往而今一直是官方在组织修建，与"都江堰"、"灵渠"一道被称为中国古代三大水利工程。民间也称该渠为官渠。泾惠渠因具有历史意义，现在在一定程度上也仪式化了（如修建了许多纪念性场所、编撰了许多纪念性书籍等），同时也反映了"治水"思想在中国政治文化中的特别意义，相应地国家也垄断了这种意义。与泾惠渠相较，清惠渠不论在历史深度，还是在规模上都要次得多，不过也是跨地域的水系，组织力量的主体也是地缘性的。其民间色彩相对重一点，因此又被称为民渠。就参与到两渠的组织力量而言，细检各种材料，会发现政府组织和民间组织在这两个"水利场域"中呈现出一种分化与组合的态势。简单地说，就是在官渠中有民间因素，在民渠中也有国家因素。就前者而言，民国时期对基层水渠的管理，国家就依赖了民间组织"水老会"；就后者而言，发生在该水系的水利纠纷最后的裁判者是国家。如果对这种现象作一个初步的解释，可以这样理解，民国时期政府组织的力量在基层还没有达到完全控制的程度，因此不得不寻找一个"代理人"；而当地的民间组织"清浊河水利协会"（这是一个比较松散的组织）又没有高度的权威性，遇到严重的水利纠纷理所当然地要仰赖政府出面。就此而言，本书试探性地建立一个解说框架——"组织参与的力量性与缺失性置换"。

"组织参与的力量性与缺失性置换"框架的前提假设是认

为各种组织力量（政府组织和各种民间组织——包括血缘性的与非血缘性的）在一定的时空范围内有强弱之别，以及非完备性地存在。因此，在要求它们发挥社会作用时，根据它们能力的大小，会参与到不同的领域；相应地，当某种组织缺乏时，它的功能可能会被其他组织所替代。这个框架的学术价值在于能够弱化"国家/社会"、"传统/现代"等刚性的二元观，对由空间性差异和时间性差异所造成的复杂的社会面貌有一定的解释效度。

三　"水利"的社会文化关联

——学术史检阅

对"水利"的社会文化关联，一些中国的远古文献虽然有所提及，但还不是严格意义上的学术性研究。比如，《尚书·洪范》篇有这样的话："我不知其彝伦攸叙在昔，鲧陻洪水，汩陈其五行。帝乃震怒，不畀洪范九畴，彝伦攸斁。鲧则殛死，禹乃嗣兴，天乃锡禹洪范九畴，彝伦攸叙。"据《史记·周本纪》记载，是箕子答复武王问天道的言论。其大意是，武王问道：上天保佑下民，监视他们的行事，它的秩序如何，我还不太明白。箕子回答说：我听说以前鲧用土阻塞洪水，违反五行中水的特性，上苍震怒了，不给他洪范九畴，治理国家的正常秩序被破坏了，鲧也被杀死。禹继续鲧的事业，天帝赐给他洪范九畴，才恢复了社会秩序。这里虽已注意到了治水与社会控制与社会秩序的关系，然而，真正意义上的学术研究得从西方学者关于"东方水利社会"的争论开始。

1."水"与政治：韦伯、马克思与魏特夫

启蒙主义时代以后，欧洲试图站在自己的立场上来理解其他地区的文化，尤其是东方文化。最早系统地提出亚洲理论的是孟德斯鸠、黑格尔和英国的国民经济学家。他们的理论虽各有差异，但是在对亚洲社会的"停滞"和"专制主义"性质的基本看法上是一致的。比如黑格尔用这样一段话来表达他的亚洲观及其历史哲学：

> 世界历史从"东方"到"西方"，因为欧洲绝对地是历史的终点，亚洲是起点。世界的历史有一个东方（"东方"这个名词的本身是一个完全相对的东西）；因为地球虽然是圆的，历史并不围绕着它转动，相反地，历史是有一个决定的"东方"，就是亚细亚，那个外界的物质的太阳便在这里升起，散播一种更为高贵的光明。世界历史就是使未经管束的天然的意志服从普遍的原则，并且达到主观的自由的训练。东方从古到今知道只有"一个"是自由的；希腊和罗马世界知道"有些"是自由的；日耳曼世界知道"全体"是自由的。所以我们从历史上看到的第一种形式是专制政体，第二种是民主政体和贵族政体，第三种是君主政体。（黑格尔，1999：110—111）

这种专制政体是怎样产生的呢？随后的思想家和学者不约而同地想到了东方的治水和灌溉。马克斯·韦伯在《普通经济

史》中这样讲到他对东方社会的看法：

在埃及、西亚、印度和中国的文化发展中，灌溉起了决定性的作用。而水的问题，又决定着官僚制度的存在，和依附阶级的强制服役，以及被统治阶级对君主的官僚职能的依赖。

卡尔·马克思同样站在欧洲中心主义的立场表达了相似的亚洲观。他说：

从撒哈拉起横贯阿拉伯、波斯、印度和鞑靼直到亚洲高原最高地区，人工灌溉在这里是农业的第一个条件，而这不是公社和省的事，这是中央政府的事。东方的政府总是只有三个部门：财政（掠夺国内）、军政（掠夺国内和国外）和公共工程（管理再生产）。（马克思、恩格斯，1962：75—76）

无论在埃及和印度，或是在美索不达米亚和波斯以及其他国家，都是利用河水的泛滥来肥田，利用河流的涨水来充注灌溉渠。节省用水和共同用水是基本的要求，在西方，例如在弗兰德和意大利，曾使私人企业家结成自愿的联合；但是在东方，由于文明程度太低，幅员太大，不能产生自愿的联合，所以就迫切需要中央集权的政府来干预，因此亚洲的一切政府都不能不执行一种经济职能，即举办公共工程的职能。这种用人工方法提高土地肥沃程度的设施靠中央政府办理，中央政府如果忽略灌溉或排水，

这种设施立刻就荒废下去。（马克思、恩格斯，1972：2卷64）

迄今为止对"东方水利社会"研究最富影响力的当数卡尔·魏特夫（K. Wittfogel）和他出色的作品《东方专制主义》（1989）。

房东王占胜先生一家

魏氏的思想直接来源于马克思在19世纪50年代提出来的"亚细亚生产方式"。但他进一步把这种生产方式发挥为"治水社会"，即"东方专制主义"。他认为"对于'治水'经济的分析为理解长期被忽视的世界历史问题提供了一把钥匙"，为此，他把世界分为两部分，一部分是非治水地区，西欧、北美和日本属于这一类；其余是治水地区。中国是他论述的主要"治水国家"，此外还论述了埃及、美索不达米亚、印度、波斯、中亚土耳其斯坦、拜占廷、俄国、东南亚一些国家、爪哇、夏威夷、西班牙征服以前的安第斯山地区（印加帝国）、中美洲、亚利桑那和新墨西哥。在这些地区，他划分出治水核心地区、治水边缘地区和治水次边缘地区。

在魏氏看来，由于东方社会的水利灌溉需要一体化的协作，需要强有力的管理和控制，因而就产生了专制主义的统治，这种统治非常稳固，经久不变，除非这个社会的灌溉系统受到致命的破坏。他还提出一个专门的术语"水利文明"（Hydraulic Civilization）。凡是依靠政府管理的大规模的水利设施，无论是生产性的（为了灌溉），还是保护性的（为了防洪），而推行其农业制度的文化即是水利文明。他相信，无论在什么地方，只要灌溉要求强有力的和集中的控制，政府的代理人就要垄断政治权力，并且支配经济，结果就产生专制主义者管理的国家。此外，这些官僚与占统治地位的宗教有密切的联系，而其他权力中心会出现衰微的现象。进行水利工程的强迫劳动是由官僚机构指挥的。

魏氏的研究虽然含有鲜明的政治立场（可以批判性地阅读），但他的运思逻辑和纯学理性价值不容忽视。因此在学术上与他对话和论辩是不可避免的。有人就指出，水利灌溉系统、社会经济结构、国家政治制度三者的关系是相互说明、互为条件的因果循环，而不是一个简单的直线性因果链条。（金观涛、王军衔，1986：61）

2．"水"与"基本经济区"：冀朝鼎

《中国历史上的基本经济区与水利事业的发展》（1981）是冀朝鼎于20世纪30年代用英文写成的专著。对此书学界评价很高，李约瑟在此基础上写成了他关于中国科技史的水利部分。作者在序言中这样说道："通过对灌溉与防洪工程以及运渠建设的历史研究，去探求基本经济区的发展，就能看出基本经济区作为控制附属地区的一种工具和作为政治斗争的一种武器所起到的作用，就能阐明基本经济区是如何转移的，就能揭示基本经济区同中国历史上统一与分裂问题的重要关系，因而也就在这一研究的基础上，对中国经济发展史中的一个方面，给予了一种具体的同时又有历史表述的分析。"

作者从宏观的角度把历史上中国政治中心的变动与基本经济区的转移以及水利建设相互联系起来思考。他把从公元前255年到公元1842年的中国经济史划分为五个时期。第一个统一与和平时期（公元前225—公元220年），包括秦汉两代。这一时期，以泾水、渭水、汾水和黄河下游为其基本经济区。第一个分裂与斗争时期（公元220—589年），包括三国、晋和南北朝。在这一时期，因为灌溉与防洪的发展，使得四川与长江下游逐渐得到开发，因而出现一个能与前一时期的基本经济区所具有的优势相抗衡的重要农业生产区。第二个统一与和平时期（公元589—907年），包括隋唐。这一时期长江流域取得了基本经济区的地位，大运河也同时得到迅速的发展，从而将首都与基本经济区连接起来了。第二个分裂与斗争时期（公元907—1280年），包括五代、宋和辽金。这一时期，长江流域

作为中国显著的基本经济区在进一步充分的发展。第三个统一与和平时期（公元 1280—1911 年），包括元、明、清三代。这一时期，统治者们对于首都与基本经济区因相距太远而发愁，多次想把海河流域（河北省）发展成为基本经济区。（1981：12—13）

3. "水"与宗族：弗里德曼（M. Freedman）与巴博德（B. Pasternak）

在人类学界，弗里德曼与巴博德之间关于"水利"与中国宗族的辩论最为引人注目。

弗氏的初衷是为了与艾文斯—普里查德（Evans-Pritchard）等人类学家在非洲发展出来的"宗族"理论对话。在非洲一些没有国家的"简单社会"里，社会的运作靠的是"宗族"纽带来维持的。而弗氏发现在中国这样有国家力量存在的"复杂社会"里也有"宗族"活跃在地方舞台上。在《中国东南的宗族组织》（2000）和 *Chinese lineage and Society：Fukine and Kwangtung* 两本相继出版的著作中，他对华南地区"宗族"的结构与功能等相关问题作了富有价值的探讨，其中特别对该地区宗族产生的原因进行了一些富有启发性的找寻。他最后的结论认为，在该地区宗族存在的原因是由四个变量造成的，即水稻栽种需要水利的灌溉、稻作农业导致财富的剩余、边疆地区国家不在场以及从北方地区带来的宗族理念。这些因素综合起来便促成了该地区血缘群体的形成。

对弗氏假说强有力的挑战来自他的弟子巴博德在台湾所从事的关于水利的田野调查。关于水利灌溉系统可以促成宗族团结这一点，巴氏（*Kinship and Community in Two Tai-wanese villages*，Stanford University Press，1972）认为必须看灌溉的性质及其土地分布的情形而定。例如，"中社"（Chung-she）村在嘉南水利系统建成前，灌溉池塘促成宗族团结；相反地，"打铁"（Ta-tieh）村的水利系统却促成非血缘间的联合。关于稻作农业可以促成财富的累积和提供共同的祖产这是事实，但这必须透过某种安排使剩余的产品做有效的投资，同时还有投资的理由。例如，土地的生产力，打铁村比中社村的条件好，虽然打铁村也有同姓家族合作捐献共同的祖产，但他们把最大的剩余投资到超越亲族的组织上；中社村的生产力虽然低于打铁村，但大部分共同财产的投资均集中于赖姓家族，而且他们的投资几乎集中于地域性的祖产上。最后，巴氏也否定了边疆地区是一个重要因素的假设。他举客家人在屏东平原发展的例子来说明，1686 年客家人迁到屏东平原时，大部分土地已被福佬人所占有，因此被迫迁移到靠山麓地区，当人口增加时，他们必须与邻近的福佬人争夺土地和水源，另一方面也受到山区排湾族的威胁，因此促成他们超越亲族的联合。

在另外一篇文章中（*The Sociology of Irrigation*：*Two Taiwanese villages*，1972），巴氏进一步阐述了他的"水利社会学"思想。他感兴趣的问题是"一个社区的水利系统怎样影响到该地社会文化的模式，例如，冲突和合作、劳力的供给和需求以及家庭的规模和结构"。通过研究他发现，在依赖雨水和小规模灌溉的时期，冲突和合作较少，即使有冲突，解决的办法靠的是"面对面"的关系来调解，而随着灌溉规

模的扩大，冲突和合作也随之增多，于是就出现了跨地域的
联合组织；在出现大规模灌溉前，劳力比较紧张，人们更喜
欢组成联合家庭，之后，劳力需求相对来说要缓和一点，于
是年轻人更倾向于过自己的小日子，大家庭的数目也随着减
少。他总结性地说："……在其他条件相同的情况下，我们会
发现依赖雨水的地区比依赖灌溉的地区更可能维持大家庭，
至少，我已表明地方不同的灌溉模式能导致重要的社会文化
适应和变迁。对许多形式和方面的关系的理解，可以说明社
会文化的差异不仅仅在中国，而且在所有使用灌溉的社会都
存在。"

4. "水"与社会文化适应：谢继昌

作者在《水利与社会文化之适应——蓝城村的例子》
(1973) 一文中，从水利与宗教、水利与武馆、水利与政治三
方面探讨了社会文化对水利发展之适应问题。

当地人因缺乏水资源，就产生了以"水"为中心的两种宗
教崇拜，一为拜妈祖，二为拜溪头。

蓝城村居于水尾，水田中是否有足够的水关系到村民的
重大生活问题。实行轮灌制以来，为了防止上游偷水，该村
很早就开设了武馆。后来随着管理的日渐完善，武馆也慢慢
衰落。

该村的内部凝聚力有前后之变化。早先村庄的团结是由两
个原因造成的，开始是为了防止高山族的侵袭，后来是为了确
保轮灌实施后田中有水。当这两种因素消失后，村庄开始出现
分裂。虽然这种分裂是多种原因造成的，但水利是个至关重要

的因素。

5. "水"与组织参与：郑振满

在《明清福建沿海农田水利制度与乡族组织》（1987）中，作者指出这一时期福建沿海的水利组织有"官办"和"民办"两种形式。大型的水利设施一般是"官办"，而规模小且分散的水利系统则由民间乡族自行组织兴修和管理。

后来"官办"水利逐渐改为"民办"。这个原因作者认为是由于地方官府缺乏财政支持所致。从某种意义上说，这也反映了当地乡族组织与乡绅的发展。"说明了明清时期政府的作用不断削弱，而乡族组织的势力却日渐壮大。"

6. "水"与"权力的文化网络"：杜赞奇（Duara Prasenjit）

在《文化、权力与国家》（1996）一书中，为了解释中国政治的"内卷化"问题，杜赞奇建立了一个解说模式"权力的文化网络"（culture nexus of power）。其基本内涵是："这一文化网络包括不断相互交错影响作用的等级组织和非正式相互关联网。诸如市场、宗族、宗教和水利控制的等级组织以及诸如庇护人与被庇护者、亲戚朋友间的相互关联，构成了施展权力和权威的基础。文化网络中的'文化'一词是指扎根于这些组织中、为组织成员所认同的象征和规范。这些规范包括宗教信仰、内心爱憎、亲亲仇仇等，它们由文化网络中的制度与网结交织在一起。这些组织攀缘依附于各种象征价值，从而赋予文化网络以一定的权威，使它能够成为地方社会中领导权具有合法性的表现场所。"（第4—5页）

三原县鲁桥镇重建中的庙宇

　　他以华北"婚姻圈"和"邢台地区的水利管理组织"作为典型研究来说明"权力的文化网络"这个概念模式。他的目的是"对 19 世纪一个水利组织的研究说明文化网络是如何将国家政权与地方社会融合进一个权威系统（机构）的。"（第 22 页）

　　当地的水利组织叫"闸会"，这个组织体系超越了村庄与市场（集市）体系，但又不完全是截然分开的。在村庄之间，当某村人做了闸会首领时，就会以此来控制其他村庄。但并不是所有的村庄都有能力来起领导的作用，集镇因其所拥有的经济与政治资本才能担当这一重任（控制闸会）。尽管集镇在闸会的权力结构中起着重要的作用，但水利管理体系并不能为市场体系所代替。以用水为目的的地域性组织是由三个灌溉流域所组成。这三个灌溉体系不仅不以市场体系为范围，而且与当地的行政区划也不吻合。与水利管理体系相并行的是供奉龙王的祭祀体系。祭祀体系使闸会组织神圣化，从而赋予其更大的权威。寺庙和仪式既体现合作又反映各集团间的分裂和重新组合。同时国家对龙王的承认，也把自己的权威延伸到了乡村。更重要的是，祭祀制度与水利组织之间的关系揭示了乡村社会中的权威既不是上层文化中的儒家思想，也不是某个集团创造的观念，而是产生于代表各宗派、集团和国家政权的通俗象征的部分重叠及相互作用之中。当冲突超出神权的范围时，国家作为行政力量而非象征介入组织之中。

　　杜赞奇从邢台地区水利管理组织中总结出了文化网络的几个特点。第一，文化网络内部各因素相互联系，例如行政区划与流域盆地相交叉，集镇与闸会在某种程度上部分重合，祭祀等级与不同层次的水利组织相互适应；第二，各种组织的权力资源相互混合，例如，在争斗中往往将集镇、乡绅，甚至行政机构引为后援；第三，在对龙王信仰被各组织引为己用的过程中，可以看到不同的利益和愿望如何相互混杂而形成乡村社会中的权威代表。（第 31 页）

7. "水"与"剧场国家"：格尔兹（C. Geertz）

　　在《尼加拉：十九世纪巴厘剧场国家》（1999）中，格尔兹把"水利灌溉"看作为巴厘岛政治机体的一部分，并以此来与魏特夫的"东方专制主义"理论对话。

　　巴厘岛的水利组织"灌溉会社"（Irrigation Society）完全

自足，不依赖不在它的直接控制之下的各种设施，也不存在任何类型的由国家占有或国家掌握的水利工程，那些水利工程同样不是任何类型的超灌溉会社自主性团体的财产。会社的成员在灌溉共同体中相互之间是平等的。

在三个层次的组织：梯田组织、灌溉会社内部组织和灌溉会社组织，都与特定的仪式活动相连。在梯田层次上，这些活动主要包括在田角举行的花祭和食物祭。在内部组织层次上，次级群体在靠近重要分水闸的小型石垒祭坛上举行。在会社组织层次上，宗教场所是正规的庙宇"稻（田）庙的头"，而不仅仅是个祭坛。有专职祭司，仪式过程精致繁杂。此外，与此相关的还有两个庙宇，即村庙和"众水之头"庙。

各个层次上的庙宇和宗教活动为作为一个整体的灌溉会社体系提供了一种合作机制。它并不是控制着巨大的水利工程和大批苦役劳力的高度集权化政治机构，而是在社会上逐级分层、空间上散布四方、行政上非集权化、道德上实行强制性的仪式义务团体。（1999：89）

在更高层次上的组织是"水系区"。这个组织由"收税官"和"大收税官"以及一套精心构造的、地区性的、自行推动的仪式体系所组成。这些官员通过纯象征性的方式成为正式领导者。

在巴厘岛水利灌溉中所有的象征性运作，正体现了 19 世纪尼加拉国家的"表演性"与"展示性"特质，也即象征就是权力、权力就是象征。

8. "水"与权利：萧正洪

在《历史时期关中地区农田灌溉中的水权问题》（1999）中，作者把"水权"界定为水的所有权和使用权。历史时期该地区水权关系有几个特点：第一，在灌溉实践中逐渐形成了一些基本原则，如，与水资源有关的重大渠务必须合渠利夫共同讨论决定，水权分配应当以均平为原则，因公众利益而造成的水权损害应由全体利夫分担，水权的取得必须经由合法的途径，水权享有者必须承当相应的义务，水权的界限必须由具有法律效力的文书载明以及每个利夫皆须在水册所规定的限度内行使自己的灌溉权等；第二，灌溉用水资源的所有权与使用权是分离的，所有权在国家，而农民只享有使用权；第三，在多种经济活动并存的情况下，农民享有利用水资源进行农田灌溉的优先权。

当地农民水权的取得与实现必须遵循一定的原则。这些原则主要是：有限度的渠岸权利原则、有限度的先占原则和工役补偿原则。有时凭借特权也可以获得超额的或特殊的使用权。

对水权的管理分为官、民两种形式。第一种形式包括水政衙门和各级地方政府所进行的水权管理；第二种形式是由渠长、斗长和水夫等组成的乡村组织系统所进行的自我管理。管理方法有从"申帖制"向"水册制"过渡的过程。

在清末随着水的商品化，水权与地权开始发生分离。该地大量的水事纠纷都与水权有关。

作者最后认为："有些地方的土地问题，包括土地的权属关系和土地的利用，会因为水权因素的引入而得到更好的解释。"

9. "水"与民俗：董晓萍

董晓萍在《陕西泾阳社火与民间水管理关系的调查报告》（2001）一文中，探讨了"社火仪式与水管理之间的关系"。

通过作者的调查发现，在泾阳存在着以社火办水事的风俗。社火的水管理功能主要是在正月春节期间体现出来的。当地社火表演的传统在农民的现实生活与精神世界中形成了一个象征性的文化管理结构，促使农民养成了用水的民俗习惯。它的象征性管理的外在形式是，能帮助农民在公众场合以戏剧化的盛装演出方式与上级对话；也能帮助农民在缺水危机来临之际以卖力表演的方式与神灵沟通，从而积极找水，战胜危机。

不管是对"官水"还是对"民水"的管理，据调查社火都参与其中。许多社火队通过耍社火建立家户与水管站的关系。对"民水"的象征性管理主要有四个特点：第一，相信另一个世界对现实世界的水资源的控制，掌握水权的神灵有龙、狮子和翠花女神。第二，制定水规水册，按民间习惯法用水。第三，在求取水量上，按照神判决策，与自然环境相协调。第四，在经费上，按神费摊派，收支公开。

10. "水"与道德：沈艾娣（Henrietta Harrison）

作者的问题意识是"'道德经济'在中国农村究竟意味着什么，其具体实践又如何"。在《道德、权力与晋水水利系统》（2003）一文中，沈氏通过考察山西晋水水利系统，具体分析了道德如何通过某群体中流传的故事建构起来，又如何在特定的体制中落地生根，进而说明，不同的道德理想是植根于不同的农业体系的不同权力结构之中的。

作者发现在该地的水利系统结构中，存在着两种不同的价值体系，官方正统的意识形态和民间非正统的价值体系。在水利纠纷中所体现出来的暴力趋向和水的商品化与官方的价值观格格不入，在民间却受到赞扬。这些价值观体现在民间的故事传说和实践中。

作者最后指出，"我们比较清楚的是，像其他官僚结构一样，控制晋水水利系统的人对系统有自己的一套看法，与官方对水利的看法大不相同。前者把水视为商品的观念，不为官方认可，只能借助宗教仪式具体体现，并通过村与村之间的武力纠纷加以强化，而宗教仪式和民间传说，往往对这些暴力举动倍加推崇"。

11."水"与社会、组织基础及制度创新：贺雪峰、罗兴佐

在系列文章《乡村水利的组织基础》、《论乡村水利的社会基础》和《乡村水利与农地制度创新》（2003a、2003b、2004）中，作者指出当前农村的"大水利"遇到体制上的障碍而不能发挥其应有的作用，导致了"小水利"的兴起。而农业的发展却要依靠大水利来减少成本，但是目前中国却缺少这种组织基础。作者认为组织体制是由国家供给的一种制度，是宏观的东西。在微观层面来看，被调查的村庄是作者所界定的"缺乏社会记忆与缺乏社会分层"的社区，因而组织能力相当无力，农民"原子化"特征突出，兴办公共设施的社会基础极为薄弱。

对此，作者在理论上进行了总结："我们曾以村民一致行动能力的强弱来划分村庄类型，村民一致行动能力的强弱又被我们概括为村庄社会关联度的高低。村民一致行动能力强的村庄即村庄社会关联度高的村庄……村庄社会关联度越高的村庄，自足提供小水利的能力就高，村庄社会关联度越低的村庄，自足提供小水利的能力就越低。"

农村税费改革以后，农村普遍存在公共物品供给不足的问题。尤其是能否解决乡村水利中存在的问题，成为目前能否保持农村税费改革的一个关键。作者通过对农民自发创造的"划片承包"办法的调查，认为在当前以承包为基础的细碎耕地上，农户不可能独立解决农田水利的供给。而以重新调整农地为基础的"划片承包"在解决农田小水利方面因为重构了责任制，因而可以有效解决农田水利的某些超越农户层次的问题。作者又认为，在运作过程中，能否通过各种办法将搭便车者边缘化，是成功的关键。边缘化的办法不仅可以是经济上的，而且可以是文化的、社会的乃至政治性的。

四　跨村落的"水利社区"

以"村落"为一个社区单位来作为观察的对象，历来是人类学的传统。其优势在于规模小、结构简单，便于从中以小见大，另一种看法是认为人们的活动一般都局限于村落的范围，其前提假设是把村落看作一个封闭的自足的"共同体"。这种工作方法是人类学从"简单社会"研究中积累下来的学术遗产，其贡献是毋庸置疑的。当人类学家转向"复杂社会"的研究后，发现了这种方法的局限性。

如施坚雅带着这种知识来到中国乡村（四川）进行田野调查时，他发现"村落"的工作方法并不适合中国的实情。在表达自己当时的心情时他这样说：

> 我对中国古代城市的兴趣始于 1949 年。该年夏天，我在四川进行常规村庄人种史（译文如此）的田野调查。当时的人类学家尚未开始注意城市，大部分人集中精力于研究小型原始社会，少数则另辟蹊径，将注意点转到农业社会，然而也仅限于研究村庄。我在四川所看到的，大型村庄很少，大都是由集市联系在一起的小村落。我于是放弃了调查一个百来户的村庄的预定计划，转而重点考察一个包括 2500 来户既分散又有联系的从属于集市的经济区域。这项研究拓展了我的视野，使我超越孤立地研究个体村庄的局限，而注重于探索一个范围更大的地域内部社会经济结构的性质。（2000：中文版序言）

在《中国农村的市场和社会结构》中，他特别强调了这一点：

> 研究中国社会的人类学著作，由于几乎把注意力完全集中于村庄，除了很少的例外，都歪曲了农村社会结构的实际。如果可以说农民是生活在一个自给自足的社会中，那么这个社会不是村庄而是基层市场社区。我要论证的

是，农民的实际社会区域的边界不是由他所住村庄的狭窄范围决定，而是由他的基层市场区域的边界决定。(1998：40)

施氏对"复杂社会"乡民的社会活动范围的新探索对学界造成了强力的冲击。评论界甚至认为"施氏的原意，不过是要矫正人类学家只着眼于小社团的倾向，但结果几乎完全消灭了他的对手"。(黄宗智，2000：23)后来的学者在施氏的基础上，又发展出了"婚姻圈"、"祭祀圈"和"信仰圈"的概念（施振民，1975），对乡民的社会活动范围做了多层次的理解。

施坚雅的发现对于本文的意义，在于提示我们"村落"作为研究对象在某些时空范围内并不是十分恰当的选择。具体到水利社会而言，格尔兹对巴厘岛的研究就该问题做了较为细致的分辨。

尽管如此，就村庄的所有范围与权力而言，巴厘农民生活中最重要的一个方面却完全置身于其管辖范围之外：水稻农业。在此，另一种公共团体，subak，是至高无上的，它通常不甚确切地翻译成"灌溉会社"(irrigating society)。在某种意义上灌溉会社是一种农业村庄，而巴厘人的确仍偶尔称之为"水利村庄"(banjaryeh)。然而，该团体的成员 (krama subak) 却并非共同居住者，而是财产共有者——梯田之拥有者。(1999：57)

作为一个生产单位，一个灌溉会社可以定义为（而巴

厘人也将其定义为）：从同一条主干水渠引水灌溉的所有
稻作梯田。（同上：81）

　　格氏对"灌溉会社"的界定有两点值得我们注意，一是该
团体的成员并不是共同居住者，换言之，他们可能分散居住在
不同的村落；二是他们因为拥有共同的水源而结成一个群体。
该团体的成员还有相应的权利和义务。马伯（Jonathan
B. Mabry）在跨文化比较的基础上，认为"水利社区"（irriga-
tion community）的成员资格标准还有：（1）在服务区域内拥
有或租赁土地；（2）土地拥有者或租赁者对水资源的享受有时
会脱离土地而可转让；（3）在一个与居住或社会组织有关的成
员，他们必须（4）对使用水资源上税或付费，并交给组织来
保管。他还认为"水利社区"作为描述资源联盟的词语，不是
一个共同居住（coresidence）的群体，"因为物质的灌溉系统时
常穿过几个村庄的边界，灌溉社区可能又不同居住点的人的土
地所构成"。（参见 Mabry，1996：13）
　　关中水利社会同样是这样一种情形。作为平原地区，这里
的水利社区在规模上有大有小。有的小社区局限在一两个村落
范围内，而大社区则是跨两个以上的村落，甚至是跨县的。因
历史和自然的原因，从理论上来说，社区的自然边界会出现伸
缩变化。我们以水利社区作为考察的对象，实是考虑到地方民
众以"水"为中心的社会活动并不局限在一个村落的范围内，
单以水利纠纷为例来说，其发生的范围有的就已超出了村的边
界。因此，以"水利社区"作为本书的研究对象是比较切合实
际的选择。

第二章　大族何在?

——历史时期关中地区的社会结构

一　"后革命氛围"中对阶级话语的再认识

随着"冷战"的结束，世界呈现出一种多极化的发展态势。现代性的理念不断遭到质疑。思想界对"冷战"及"前冷战"时期的诸多社会文化问题也同样进行了激烈的反思。其批判的锋芒直指西方的傲慢和宰制性态度。在"世界体系"中处于边缘位置的国家，它们针对西方的这种思想上的反抗被学界描述为"后殖民"思潮。作为边缘国家的中国同样被卷入到这场思想大论战中。而在阿里夫·德里克（A. Dirlik）看来，用"后殖民"来描述中国并不是很恰当。因为中国并没有像其他边缘国家一样被完全沦为西方的殖民地。

德里克把这些问题置放在全球化的语境中来思考，批评了"后殖民"理论的解释限度，创见性地提出了"后革命"的解释策略。他在《后革命氛围》（1999）一书的中文版序言中这样写道：

三原县鲁桥镇的华佗殿

　　这些变化中一个十分有意义的方面就在于我们观察和分析世界之方式的变化，这尤其体现在诸如后现代主义、后殖民主义和全球化这些新术语中，它们或者是在这些年里新出现的，或者是在这些年里变得流行起来的。这套术语取代了早先的现代主义、殖民主义和三个世界、社会主义和革命那套术语，尽管那套术语曾在"二战"后帮助我们在时间上和空间上标画世界的版图，从当代视角来看，它们却纠缠在欧洲中心主义的历史中，因而再也无法用来描绘当今世界。

　　作为研究中国现代史的历史学家，德里克敏锐地看到两代历史学家，无论在中国还是在国外，都认为书写中国现代史围绕的范式应该是"革命"。而现在这种"革命"的范式却被抛弃。德里克对这种非历史的做法也进行了批评，他说："革命的过去尽管未能实现其假定的目标，但在很多方面却为现在的形成助了一臂之力。"（1999：175）这样一种历史后果便是在"历史终极"（福山语）后，社会主义国家对社会主义弊端的扬弃和对资本主义大规模的吸收。而这种制度上的转换迫切需要思想上的配合，也即要论证这种转换的合法性所在。这样对中国革命史有限度地反思成为必要。社会主义革命的理论基础是阶级斗争学说，因此对阶级话语的再认识成为这种反思的首要议题。黄宗智的一篇重要文献纲领性地探讨了这个问题。

在《中国革命中的农村阶级斗争——从土改到"文革"时期的表达性现实与客观性现实》（2003）一文中，作者借助布迪厄和福柯的理论对中国革命进行了重新理解。这样一种新理解的方法论基础是作者所设定的两个分析性概念"表达性现实"和"客观性现实"。

以往的偏至论者认为，要么是"结构"决定一切，要么是"意志"决定一切。这种截然两分的二元观逐渐被较为温和的"结构"与"能动性"的二重性所替代。"二重性"观认为，"结构"与"能动性"是一体两面的关系，它们对社会世界的塑造共同发挥作用，其中很难说谁是决定性的力量。但是这种"二重性"观的一个致命的错误是把"结构"与"意志"看作高度契合的联合体，没有丝毫的裂缝存在。福柯以历史的方式对"话语"与现实的关系进行考察后发现，"话语"与实际之间存在着不一致的现象。比如在维多利亚时代那种压抑的环境下，性的正统话语与性的实践是非常不同的。因此，福柯有力地宣称，话语具有更大的真实性，比客观实践更富有历史意义。福柯的观察其意义在于指出了人们的思想图式与客观现实之间可能存在的错位。

黄宗智认为在"表达性现实"与"客观性现实"之间可能存在一致性，但也可能存在不一致性。而在中国农村阶级斗争这个历史事件中，在他看来两者之间的不一致性更为突出。这种不一致性既是这个事件的启动者，也是这个事件的终结者。

对中国农村阶级问题的较早分析来源于毛泽东的两部作品。在1933年写成的《怎样分析农村阶级》中，毛泽东认为分析阶级有两个主线：租佃和雇佣。地主从贫农佃户手中收取地租，而富农则榨取付给雇佣工人工资之后的剩余价值。中农既不是佃农，也不是雇农，成为位于地主、富农和贫雇农之间的中间阶级。这个看法集中体现在毛泽东后来写成的《中国革命和中国共产党》一文中。

在革命胜利的初期，中国共产党对阶级问题的看法更加具体化和体系化。1950年8月4日通过的《中央人民政府政务院关于划分农村阶级成分的决定》这个重要文件中，对中国各阶级的界定作了更条理化的类分。

中国共产党在理论上对阶级问题的看法，付诸实践的行动就是"土地改革"。而"土改"对于共产党来说，绝不仅仅在于农村土地的再分配。其最终目的是为了粉碎农村中原有的控制农民的权力网络——杜赞奇所说的两种"经纪人"（杜赞奇，

1996），在共产党建立的政权与农民之间建立新的保护关系，从而确立新政权的合法性。（张凯峰，2004）

早在中国共产党成立之时对农民及土地问题就有一定的认识，并提出了解决这一问题的初步主张和政策。1921 年，中共一大结束不久，浙江的一些共产党员和青年团员就发动和领导了萧山县衙前地方的农民斗争。这次运动与后来的广东海丰农民运动、湖南衡山农民运动都以农会的形式将农民组织起来，进行一些减租、平粜的斗争。这是中国共产党从事农村土地运动的开始。

国共合作以后，中国共产党把自己在初期从事土地运动的经验，以国民党中央农民部的名义引到统一战线农民政策中来，拟订了全国性的农民协会章程。指出协会的责任是以农民利益为奋斗的目标。

不久中共中央又制定了《中国共产党关于农民政纲的草案》，提出九条基本政策。主要是"（一）推翻乡村中的劣绅政权，建立农民政权，农民参加县政府组织。（二）武装农民，乡村中的一切武装势力受农民政权指挥。（三）没收大地主、军阀、劣绅及国家宗祠的土地，归给农民。（四）保证永佃权，限租，限息，取消苛捐杂税，废除陋规，国家帮助农民发展经济。"（成汉昌，1994：409）

"八七会议"召开前后，临时中央提出以"耕者有其田"和"土地国有"为行动纲领。前者是动员和组织群众的通俗口号，后者是消灭地主阶级后的法令问题。当时对公有及私有土地的处置方案是"对祠堂庙宇，一切公地及五十亩以上的大地主一律抗租不缴，对五十亩以下的小地主实行减租"；

"自耕农土地不没收"。毛泽东还认为"不仅要没收大中地主的土地，而且还要解决小地主的土地问题"。他认为，"小地主的土地是土地革命的中心问题，如果不没收小地主的土地，在那些没有大地主的地方，农民协会则要停止工作。"（成汉昌，1994：441）

1927 年在上海召开的"十一月扩大会议"上，对土地问题更加激进，规定"一切地主的土地无代价地没收，一切私有土地完全归组成苏维埃国家的劳动平民所公有"。

1928 年 6 月中共六大至 1931 年初，土地革命政策经历了一个曲折发展的过程。六大提出了"没收地主阶级的一切土地"的原则和贫农、雇农"是土地革命的主要动力"，"中农是巩固的同盟者"的阶级路线。在以后的实践中，又相继提出了较为符合实际的具体的分田方法。在土地的没收、分配、地权及进行土地革命的阶级路线几个关键环节上，都实现了妥善的解决，标志着土地革命政策的基本完善。（张凯峰，2004）

共产党在对土地进行再分配的过程中，同时也对乡村中的"权力的文化网络"进行了无情的打击和摧毁。杜赞奇认为中国乡土社会的各种权力是植根于社会文化关系之中的，权力的文化性是乡村政治的主要特色。这些文化网络包括宗族、市场、宗教、庇护关系等等。（杜赞奇，1996）地方上的强宗大族既是土地的占有者，又是权力关系中的支配者。他们无疑是共产党势力向基层延伸的最大阻碍，因此被视为打击的对象就是理所当然的了。

共产党人对宗族问题的认识，早在党成立之前一些"左"

派人士就为之定下了基调（这也是民族国家在建设过程中的一个基本理念）。陈独秀认为要改变中国社会"种种卑劣、不法、残酷、衰微之象"，必须摧毁"家族本位主义"的家族制度。李大钊不仅认为家族制度是"万恶之源"，而且还运用马克思主义的唯物史观对家族制度进行了初步的分析，指出家族制度是两千年来中国社会的基础构造。封建专制主义就是在家族制度的基础上产生的上层建筑，一切封建的伦理、道德、学术、思想、风俗、习惯也都是家族制度的上层建筑与意识形态。因此，要推翻封建专制统治和批判封建礼教，就必须消灭封建家族制度。消灭了家族制度，就会促进专制统治的倒台和旧礼教、旧道德的肃清。

中国共产党成立后，党的领导人继续从理论上对宗族制度及宗法思想进行揭露和批判。他们除了继续论证宗族制度产生的社会根源是自给自足的小农经济之外，还第一次指出，农村中大量的族产族田是宗族制度存在的物质基础，族长宗长把持族产族田，是封建剥削的一种形式，要消灭宗族制度，必须消灭这种以"公田"形式出现的族产族田。毛泽东1927年在《湖南农民运动考察报告》中首次提出中国社会存在四种权力支配系统的观点：一是由国、省、县、乡的政权所构成的"国家系统"；二是由宗民、支祠和家长的族权所构成的"家族系统"；三是由阎罗天子、城隍庙王、土地菩萨和玉皇大帝以及各种神怪的神权所构成的"鬼神系统"；四是支配女子的夫权系统。毛泽东认为"家族系统"在中国社会结构中具有至关重要的地位。他还强调指出，这四种权力代表了全部封建宗法的思想和制度，是束缚中国人民特别是农民的四条极大的绳索。

地主政权是一切权力的基干，族权等权力则是维护封建统治的辅助力量。只有首先消灭了封建政权，其他权力才能被打倒。

1927年5月，在中共五大上，第一次提出了消灭祖产公田，并将其分给农民的纲领。大会在《土地问题决议案》中指出，农村中"寺庙、祠堂等所属之地，占有耕地之亩数，亦实在可观"，存在于乡村中的所谓公有田产管理制度，实际上是"乡村中宗法社会政权之基础，此等田地的主有权，已为乡绅所篡夺，耕田者反而失却享有的权利，乡绅等变为地主，更利用此等权利，以行使其宗法社会的威权及统治"。因此，"要消灭乡村宗法社会的政权，必须取消绅士对于所谓公有的祠堂、寺庙之田产的管理权"。把没收和分配祠堂族产公田作为土地革命纲领写进全国代表大会的决议，既表明中共对于领导农民消灭宗族制度有了明确的认识，同时也表明，消灭宗族制度尤其是从土地问题上加以消灭，是中共解决农民问题和消灭一切旧的社会关系的重要内容。

在1924—1927年国民革命期间，共产党人就极为重视发动农民打击宗族势力。形成了以湖南、湖北为中心的农民运动。在这场激烈的农运中，随着地主政权被打翻，宗法制度也随之动摇。毛泽东1927年在《湖南农民运动考察报告》中对这种现象描述道："农会势盛的地方，族长及祠款经管人不敢再压迫族下的子孙，不敢再侵蚀祠款。坏的族长、经管，已被当作土豪劣绅打掉了。从前祠堂里'打屁股'、'沉潭'、'活埋'等残酷的肉刑和死刑，再也不敢拿出来了。女子和穷人不能进祠堂吃酒的老例，也被打破。衡山白果地方的女子们，结队拥入祠堂，一屁股坐下便吃酒，族尊老爷们只好听她们的便。又有一处地方，因禁止贫农进祠堂吃酒，一批贫农拥进去，大喝大嚼，土豪劣绅长褂先生吓得都跑了。"

1928年，毛泽东调查井冈山湘赣几个县后说，农村社会组织是普遍以一姓为单位的家族组织，"无论哪一县，封建的家族组织十分普遍，多是一姓一个村子，非有一个比较长的时间，村子内阶级分化不能完成，家族主义不能战胜"。由于家族势力的广泛和强大，地方党组织的建设也受到影响，"党在村落中的组织，因居住关系，许多是一姓的党员为一个支部，支部会议简直同时就是家族会议"。在这种情况下，党组织的建设"真是难得很"。

宗族所占有的族田造成了土地的高度集中。据土地革命初期的调查，赣闽湘鄂皖族田数目相当可观，大都占全部土地的1/4左右，有的地方甚至更高，如闽西长汀、湖北广济，占1/3。族田名义上是宗族共有，但与私人地主的土地一样，也是以租佃的方式进行出租。本族的佃户其租额也不轻。放高利贷是族产的另一来源，外族人借贷利息很高，本族人借贷利息也不低。

随着苏维埃区域社会经济结构的改变和农村新秩序的建立，宗族制度和势力在一定的时空范围内遭到了相当程度的摧毁。首先，大规模对族田祠产的没收和分配，抽掉了宗族势力的经济基础。各根据地在土地革命中，对实际上由族长、会长、豪绅所垄断的族田祠产，一概加以没收。被没收的土地以乡而不是以村为单位按人口进行平均分配。1930年5月全国苏维埃区域代表大会通过的《土地暂行法》和同年6月中国革命军事委员会颁布的《苏维埃土地法》均规定，在暴动推翻豪绅地主阶级政权后，凡属豪绅、地主、祠堂、庙宇、会社等私人和团体占有的田地、山林、池塘、房屋，一律无偿没收，由苏维埃政府分配给无地少地的农民及其他需要的贫民使用。1931年中华工农兵苏维埃共和国第一次全国代表大会通过的《土地法》也规定，一切祠堂庙宇及其他公共土地，苏维埃政府必须力求无条件地交给农民。还规定，没收地主豪绅的财产，同时必须消灭口头的及书面的一切佃租契约，取消农民对这些财产与土地的义务和债务，并宣布一切高利贷债务无效。所有地主与农民约定自愿偿还的企图，应以革命的法律加以严禁，并不准农民部分退还地主豪绅的土地，或偿还一部分的债务。

其次，随着苏维埃区域革命政权的建立和以打破宗族地方社会关系的新法规的出台，宗族势力不仅失去了以往旧政权的依托和庇护，而且家规族约也失去了规范和约束力量。包括宗族首领在内的一些豪绅地主，或出逃到大中城市，或被处决，或在根据地受到管制，被剥夺了选举权和被选举权。那些在苏维埃区域内不论以何种形式聚族相抗者，都先后被解除武装，遣散族众。在革命初期留存下来的并筑成坚固寨围的宗族据点，也在1931年苏区开始进行的肃清"土围子"行动中，相继被击破。到1932年，仅江西苏区即消灭这样的土围石寨200多个，占总数的95％。

最后，宗族活动的中心也换了新主人。祠堂均成为苏区中央、省、县、区、乡各级政府的办公场所或文化娱乐的地方。其中最有名的临时中央政府办公地，便是坐落在叶坪的谢氏大宗祠。

抗战胜利后,中国共产党领导的解放区进入了土地改革的新阶段。在这场运动中,最能在结构上体现宗族制度的族田、族长、祠堂、族谱等遭到了最严厉的打击。这种打击较之以往,范围更广,力度更大。

1947年9月中共全国土地会议通过的《中国土地法大纲》明确规定,在废除地主土地所有制的同时,废除宗族祠堂的土地所有权。没收或征收族产族田,同没收的地主土地和征收的富农多余土地一起,按乡村全部人口,不分男女老幼,统一平均分配。同时还规定,土改以前的土地契约和债约,一律撤销。此政策的制定以及随后在各解放区迅速掀起的空前规模的土改运动,使得以往宗族得以开展各种活动的经济基础被彻底摧毁。

在没收族田的同时,祠堂作为族产的一部分也被没收或征收来充公,或作为农民协会,或作为校舍,或作为农民集会的场所。

在土改过程中,族长族权在乡村中的支配作用随着基层新政权的建立也相继瓦解。共产党从而达到了力量向基层社会延伸的预期目标。[①]

中国共产党领导的革命之所以成功,无疑与党对中国社会的基本看法和判断有莫大的关联。不可否认的是,阶级话语与土地改革(理念与行动)给广大无地的农民确实增加了生存的机会。中国农民长期诉求的"耕者有其田"的愿望不能说在革

---

① 以上关于中国共产党对宗族的态度和行动及相关论述来源于傅建成(2001)。向傅先生谨表谢意。

命胜利后没有实现。共产党对乡村社会的改造在一定程度上正
体现和满足了斯科特（James C. Scott）所描述的农民的"道义
经济"原则。（斯科特，2001）这些理念对广大农民的动员力
和组织力应该说是无与伦比的。尽管中国共产党通过阶级话语
和土地改革取得了革命的成功，但这种话语与现实之间的契合
程度并不是没有问题。用黄宗智（2003）的话来说，就是"表
达现实脱离社会现实之处主要在于共产党将其宏观结构分析转
化为每个村庄的微观社会行动所作出的决定。这一转化强调宏
观策略分析对每一个的农村社区都是有效的。每一个村庄都要
划分出阶级敌人，党要组织阶级斗争，发动贫农和雇农反对地
主和富农"。

这种"整体主义"与"个体经验"之间的张力，其难度在
于寻找两者之间的平衡点，否则"整体主义"就会抹杀丰富的
"个体经验"。如果用之于社会改造工程，就可能带来灾难性的
后果。按照自由主义思想家的理解，整体主义不可能在每个细
节的规划上得到个体经验面面俱到的支持，因而任何整体性的
设计必须压缩到个体经验能够提供足够与之吻合的依据的范围
之内，否则就会犯唯理主义（rationalism）的谬误。而整体性
观念的形成又有赖于"共识"的产生，先于这些共识存在的正
是不同个人的不同经验和行动。易言之，这些共识乃是根据先
于其而在的不同个人的不同经验和行动而达致的。（杨念群，
2000：124）斯科特在讨论"某些用来改善人民状况的计划为
何最后总是失败。"（How Certain Schemes to Improve the Human
Condition Have Failed）这个问题时指出，一些不切实际的知识
分子和计划者，在他们制订社会改造计划时，总把自己看作是

"神"而不是人;他们狂热的行动绝不是为了权力和财富,而就是为了改善人民状况这个坦诚的愿望,但是这个愿望却是有缺陷的。一些社会悲剧的发生是与对进步的乐观主义和类似于宗教性的信仰紧密相关的。(Scott,1998:342)

阶级问题在中国乡村中的实际情况如何呢?一方面我们确实不能否认这样一个事实,即地主掌握了土地的1/3,富农掌握了另外的15%—20%。但这是全国性的平均数字。具体到每一个地区就会存在差异。现有资料表明,在华北平原很多村庄根本就没有地主。华北平原的地主主要是居住在城市中的不在村地主。那些在村地主往往只拥有较少的土地,而在许多村庄,甚至连这种小地主都没有。在黄宗智所研究的华北33个村庄里,只有7个村庄符合官方定义的在村地主。(2000:附录一)柯鲁克夫妇的《十里铺》一书中,靠近河北武安县的这个村庄就没有在村地主,该村最大的土地拥有者仅有100余亩土地,且居住在镇里。在韩丁研究的山西长治附近的张村,同样也没有一个人符合土地法对地主的定义,整个村庄只有一户佃农。

在河南北部林县的后角村,官方记录的在全村286户人家中,共有4户地主。这4户地主也只是名义上的地主。他们绝大多数未婚或者丧偶,因为缺乏劳力而不得不将土地出租。在一个平均每户3.8亩土地的村庄里,最大的地主不过拥有26亩土地。许多地主主要是"鳏、寡、孤、独",很难被想象成统治阶级剥削者。

在华北地区,如果把雇佣劳力的经营地主和收取租金的收租地主合并为地主,仍然有一半的村庄没有在村地主。

在长江三角洲,同样存在认识与现实之间的偏离。群众性

的斗争地主大会一般都是由几个村庄联合起来进行的。有的地主与村民之间都不认识。（黄宗智，2003）

在土改中，"地主"、"阶级斗争"这样的概念，主要是一个象征性和道德性的概念而不一定是个物质性的范畴。共产党的政治决定使土改变成要在每一个村庄和每一个农民身上演出的道德戏剧性阶级斗争，造成了要在每个村庄拟造阶级敌人的巨大压力，即使按照党自己定的标准根本就没有地主的地方。当精确的阶级分析让位于简单的套用和普遍性的配额时，就会出现浮夸和梯升，把富农错划为地主，把中农错划为富农，并且强制要求阶级利益和个人行为之间简单地一一对应。（同上）张小军（2003）同样指出了在土改中阶级划分的象征性意义。

二　土地与宗族
——大族成立的基本条件

作为一种社会组织，中国的宗族是一个以血缘为核心的家族共同体。关于这个共同体的基本构造，历来史家和社会学家多有论述。如有史家认为，"这个共同体包括三个组成部分，一个是以孝悌伦理为主的思想意识结构，一个是实现孝悌伦理的组织机构，即设置族房长，建祠修谱，制定族规，约束族众；一个是为聚合族众追宗祭族而设置的祭田，有的族姓还置有赡给族众的族田。"（李文治、江太新，2000：27）社会学家多从"集体表象"来探讨社会群体的凝聚性问题，中国宗族组织的"集体表象"在社会学家看来一般有四个基本的呈现：一是族产，二是祠堂，三是族谱，四是祖坟。各家说法虽稍有差异，但大体说来并没有本质上的区别。也即是说一个血缘群体，要成为地方社会上占有主导性的强宗大族，至少需要具备体现其凝聚力的以上所说的四种集体表象。其中族产作为这种组织的经济基础又是敬宗收族的基本保障。[①]

关于族产的内容，林耀华从生产性的角度认为"祖产包含两部：一是不能生产的东西，诸如祠堂器具、公所、桥梁、河道、族谱、文件等；一是可以生产的东西，诸如祭田、园林、屋宇、池塘、蚬埕。我们一说祖产，多半是指后者而言。"（2000：48—49）

清水盛光的看法是"中国族产之中可分为如义田（义庄也包括在内）、祭田（包括祠墓），在宗族内部有其起源者；以及如义仓、义学（包括学田在内）、义冢，起源于宗族之外，然采纳于宗族生活之内者两种。从其为族产之性质上言之，任何一方均属一样，然如自普及与重要之程度言之，以赡族为目的之义田，以及祭祀为目的之祭田二者为最胜。所谓赡养宗族要不外使现在及将来之族人，不陷于饥饿，对祖先之祭祀以及供献已故族人之血食为目的。使过去、现在、未来之一切族人均

----

①　在华琛（J. Watson）对"宗族"（Lineage）的定义中，特别强调了共同财产的重要性。他说，宗族与其他继嗣群体（Descent group）的本质性区别，在于宗族在整个群体或房支中有一个法定的集体财产的拥有。当这个群体对个人提供物质利益时，这个事实不仅影响个体怎样旁观其群体成员，而且也是群体内部动力和群体在地方社会中存在的权力基础。参见（Ebrey & J. Watson，1986：5）。庄英章（1975）对台湾宗族发展的历时考察，认为宗族发展的条件，"公共的土地财产是维持一个宗族继续的重要原因，没有公共财产的收入，要维持宗族的发展是困难的。"

能完成其生活，此为求全体宗族之永生上不可或缺之要件，欲求睦族、收族或保族者，必须首先努力于设置义田及祭田，而义田及祭田自创始以来，得能逐年推广者，其原因或也在此。"（1986：33）

要言之，土地是族产最基本的也是最主要的内容。

作为生计上的义田之创立，首推北宋的范仲淹。仁宗皇祐二年（1050）范仲淹知杭州府时，将官俸收入买田收租救济族众，这在中国历史上系首创。关于范仲淹建置义庄的经过及协济族人的具体办法，北宋嘉祐年间钱公辅所著《范氏义田》记载称：

范文正公苏人也，平生好施与，择其亲而贫疏而贤者咸施之。方贵显时，于其里中买负郭常稔之田千亩，号曰义田，以养济群族，族之人日有食，岁有衣，嫁取凶葬皆有赡。择族之长而贤者一人主其计，而时其出纳焉。日食人米一升，岁衣人一缣，嫁女者钱五十千，娶妇者二十千，再嫁者三十千，再娶者十五千，葬者以再嫁之数，葬幼者十千。族之聚者九十口，岁入粳稻八百斛，以其所入，给其所聚，沛然有余而无穷。仕而家居俟待者预焉，仕而官者罢其给，此其大较也。初公之未贵显也，尝有志于是矣，而力未之逮者。二十年既而为西帅，以至于参大政，于是始有禄赐之入，而终其志。公既殁，后世子孙至今修其业，承其志，如公存也。公虽位充禄重，而贫终其身，殁之日身无以为敛，予无以为丧，唯以施贫活族之仁遗其子而已。

范氏义庄共有田千亩，分别置在苏州吴、长二县，同时还有义宅。用于收租、贮粟、散米的义庄，就设在义宅之内。义宅后因兵灾改置天平山，与义学相连，占地六亩，内有忠厚堂五楹，年久也废圮了。清代乾隆年间，世孙范安瑶于范氏义庄旧址天平山岁寒堂隙地重修义庄，共建仓厅三间，左右置栈房十二间，从房一间，具北向东向，厨房两间西向，耳房三间，缭以周垣，设承志、修业二门。据说是完全按族制修建的。由此可见范仲淹初建义庄时的规模。

义庄内有严格的制度，在范仲淹手定的《范氏义庄规条》中可见其细致的程度。（参见张妍，1989：2—3）

逐房计口给米，每口一升，并支白米。如支糙米，即临时加折（支糙米每斗折白八升，逐月实支每口白米三升）。

男女五岁以上入数。

女使有儿女在家及十五年，年五十岁以上听给米。

冬衣每口一匹。十五岁以下，五岁以上各半。

每房许给奴婢米一口，即不支衣。

有吉凶增减口数，画时上簿。逐房各请米历子一道，每月末于掌管人处批请。不得预先隔跨月分支请。掌管人也置簿拘辖。掌管人亦不行破用。或探支与人，许诸房觉察勒赔填补。

嫁女支钱三十贯，再嫁二十贯。

娶女支钱二十贯，再娶不支。

子弟出官人每还家待阙、守选、丁忧，或任川、广、福建官留家乡里者，并依诸房例给米、绢并吉凶钱数。虽近官实有故留家者，亦依此例支给。

诸房丧葬，尊长有丧先支十一贯，至葬事又支十五贯；次长五贯，丧事支十贯；卑幼十九岁以下丧葬通支七贯，十五岁以下支三贯，十岁以下支二贯，七岁以下及婢仆皆不支。

乡里外姻亲戚，如贫窘中非次急难，或遇年饥，不能度日，诸房同共相度诣实，即于义田米内量行。

所管米斛自皇佑三年以后，每一年丰熟椿留二年之粮，若遇凶荒，除给馐粮外，一切不支。或两年粮外有余，却先支葬丧，此及嫁娶，如更有余，方支冬衣，或所余不多，即吉凶等事众议分数，均匀支给。或又不给，即先凶后吉。或凶事同时，即先尊口后卑口。如尊卑又同，即以所亡所葬先后支给。如支上件馐粮吉凶事外，更有余羡数目，不得粜售，椿充三年以上粮储。或虑陈损，即至秋成日方得粜售，换回新米椿管。

右仰诸房依次共同遵守。

嘉祐二年十月　日

资政殿学士尚书礼部侍郎知杭州事范　押

作为宗教性的祭墓田首倡者是朱熹。《家礼》中记到："初立祠堂，则计见田，每龛取其二十之一，以为祭田，亲尽则以为墓田，后凡正位祔位皆放此，宗子主之，以给祭用，上世初未置田，则合墓下子孙之田，计数而合之，皆立约闻官，不得典卖。"（卷一，通礼第一，祠堂）作为墓祭而使用的祭墓田至

迟在宋元祐时期已遍布民间。（清水盛光，1986：75）

一般情况下，建立宗族组织首先要设置祭墓田，其后有余力才置办赡族田。建有义庄、义田的宗族，也往往从义庄、义田中分出，或于义庄、义田之外另置祭墓田。更多的情况下是地主为自己身后留置祭墓田。墓田的数量一般较少，多在祖先坟茔周围，只要几亩、几分。祭田的数量相对要多一些，数亩、数十亩，有的达百亩、千亩以上。（张妍，1989：28—29）

除了义田、祭田这两大族田外，另外还有规模较小的助学田和会田。前一类的称谓有义学田、义塾田、助学田、贤田、书田等。稍大一些的宗族几乎都立有义塾，延师以教子。会田在两湖、安徽、江西的宗族中十分流行。"会"的名目有香会、文会、学田会、推广会、惇本会、祀先会、某某祖会等。其中隶属于香会、祀先会、某某祖会等等的族田，相当于祭墓田；隶属于惇本会、推广会等等的族田，相当于赡族田；隶属于文会、学田会等等的族田，相当于义学田。会田一般是与会族人捐置或集会资购买的。"会"大多是宗族内部部分族人的组织，但与外姓共会的情况也很普遍。这些"会"主要是借礼佛敬神、崇文祀孔或共同抵抗某大姓为名而设立的。其田产也不属一族所有，而是属于地方或数姓所有。规模更小的族田还有专门抚恤寡妇的恤嫠田，隶属于本族所建寺庙的族寺田等。（同上：35—37）

族田的形成过程主要有两种途径，一是私人捐置，二是合族置办。

私人捐置以官僚为主。在清代以江苏为最。苏州府旧有北宋范氏义庄，原系 1000 亩，明后期增为 3000 亩；清乾嘉年间，范仲淹裔孙范芝岩以官俸所得，增置 1800 亩。吴县陶篠，乾隆间为候选员外郎，捐置义田 1000 亩。苏州顾樨于乾隆二十二年建置义田 170 亩，其孙顾建美官云南布政使，又增置若干亩。苏州彭绍升曾官某部尚书，捐置族田 200 亩。元和县王治、王沂、王沈兄弟，光绪年间，或官员外郎，或捐知府，合资捐置族田 1021 亩。青浦县王昶，乾隆年间官刑部侍郎，捐置族田 800 亩。无锡华进恩，乾隆年间官休宁县丞，捐置族田 1300 亩。娄县张祥河，咸丰间官工部尚书，捐置族田 1000 亩。吴江县施则敬、施兆曾等以官俸置义田 1170 亩。同治年间，武进湖北盐法武昌道、浙江候补道盛康置义祭田 1434 亩。

　　其他各省也有不少，如浙江余杭县余焜，到道光后期官湖南布政使，捐置族田 251 亩。平湖县王大经，官湖北布政使，同治、光绪年间捐田可收租 1100 石。杭州许庚身于光绪初官刑部侍郎，其叔父许乃普官刑部尚书、许乃钊官江苏巡抚，合捐银 17000 余两，在仁和、钱塘两县置义田 2000 余亩。江西南昌县黄麟瑞，一子官翰林，一子官刑部员外郎，嘉庆间置义田 1000 亩。新城县陈道，一子官金衢严道，一子官知府，一子官按察，一子内阁中书，先后增置族田可收租 7000 石。安徽歙县许登瀛，乾隆间官衡、永、郴、桂四郡观察使，捐银 8000 两建祠置产。同县黄履昊，官刑部郎中，捐银 10600 两，置义田 880 亩。大学士合肥李鸿章、湖广总督李翰章等置义田可收租 1200 石。湖广总督建德县周馥置义庄田 2000 亩。在清代后期，湖南有不少文臣武将发家致富，大置族产。甘肃提督宁乡县周建武捐银 10140 两置义田 480 亩。都监湘潭县郭子美置义庄田 5666 亩。贵州布政使平江县李元度置义田 600 亩。历任直隶、两江总督的湘乡县曾国藩兄弟，捐银建置族产公仓等。大学士瞿鸿几捐银 2920 两置义庄，年收租 150 石。湖北两江总督沔阳县陆建瀛捐置义田 1234 亩。

广东有咸丰年间曾任镇远知府的南海县林彭年，所置族田每年可收租银 8000 两。闽北有不少名门望族都置有多寡不等的族产。

商人捐置族田以皖南为最，其次是广东、福建和江浙。皖南又以徽州府歙县为最。该县以商起家的吴禧祖，乾隆年间与吴之腾捐钱一万数千缗，于宣城置族田 1000 余亩。乾嘉年间，歙县商人郑鉴元、江承东，道咸以后的鲍森、鲍鸣歧、鲍光甸、黄晟等，都以商致富，捐置祭田、义田。休宁县乾隆年间的朱仲元，以后的黄某，皆以商起家，捐置祭产义田。婺源县商人，有乾隆年间的程世杰，捐银万余两，置义田 800 亩。该县商人汪应萃、孙有曦、李正杰、余鼎瀄、詹思润、詹世鸾、程肇基等，皆行商致富，捐置族田。

广东商人捐置族田主要在清代中叶后。新会县的何炳如，于道光年间开设酒米店，咸丰年间又开设银庄，以盈利购置族田 190 亩，民国时期又增置 310 多亩。番禺张殿铨，在广州创办隆记茶行，以盈利购置族产。顺德商人梁炜在江西、江苏致富后，建祠置产。福建商人致富置产的有长汀县马孟吉，弃儒从商，致富后先置父母的祭田。

江苏商人捐置族田的，如嘉庆年间无锡县陶雨田，以贾起家，置义田若干亩。光绪年间，上海县曾铸以海商起家，捐置族田 1055 亩。浙江商人捐置族田的有同治、光绪间，镇海县李弼庵致富后，建养正义庄以赡族；山阴县盐商李听涛兄弟置田 2000 亩，亦名养正义庄。江西商人建置族田的，有南昌县胡有陞，咸丰年间置义庄田数百亩；太和县商人孙明，咸丰间置义田 750 余亩。（李文治、江太新，2000：167—173）

同姓族人合置族产有几种不同的形式：一是行计亩出田法。二是按亩捐银购置族产法。三是按房派捐法。四是兼行按房按丁按亩出银法。五是按人派银入祠法。六是族人集捐法。

以上是常见的几种合族置产的形式。在珠江三角洲地区，有的大族还以人工筑沙田法增殖族田。如番禺何氏留耕堂，该堂于明万历十五年至清光绪十五年 3 次领偿地共 1302 亩，买田 1300 亩，通过诉讼及占夺等方式得田 1071 亩，共计 3673 亩。此外又"报承"地 46237 亩。所谓"报承"乃源于筑沙增殖，此项田地占到何氏族田的 81％ 多。最为普通的形式是兄弟析产时酌留祭产。另外在有的地区族人无嗣时，将所遗土地及其他产业收为族产。（同上：175—177）

在族产的增殖过程中也有不同的形式，一般主要有五种渠道：一是新科入仕者捐俸购置。二是新主入祠献银购置。三是分析家产时提留祭产或将族遗产提成入祠。四是族众私人购买土地时捐钱置产。五是由旧有族产生息购买。（同上：179）

在族田的发展过程中，就全国范围来说明显呈现出不平衡的分布状态。这种不平衡性主要体现为南北之间的差异。

北方宗族组织远不如南方普及、健全和发达。北方曾出现过一些有名的宗族组织，但总的来看寥若晨星。绝大多数是"有庙者少，无庙者多"（乾隆《徐州府志·风俗》），一般只有缙绅人家设有祠堂，并且在规制上也不讲究。山西绛州"祭祀营庙，唯缙绅家为然，然亦同堂异龛而已"。（光绪《绛州志·风俗》）辽东缪氏甚至拥有祭田赡族章程，却不重祠堂。山西霍氏以敬宗睦族著称，也不讲究谱系，"唯谱牒寥寥，五服以外……也同于陌路矣"。（道光《霍州志·风俗》）（张妍，1989：55）顾炎武在比较南北族群之异时指出，"北人重同姓，多通谱系，南人则有比邻而各自为族者"。"今日中原北方，虽号甲族，无有至千丁者，户口之寡，族姓之衰，与江南相去复绝"。（《日知录·通谱及北方门族》）

这种不平衡性远在宋时就初现端倪。范仲淹在江苏创设义田后，仿效者有北宋的刘辉和向子谭在江西，吴奎和韩赟在山东。南宋的郭份在江西，吴明可、石子重、石允德、孙椿年、赵希瀞、陈德高等在浙江，孙仲卿在湖北，赵葵在湖南，陈居仁、林橡、江埙在福建，文义在广西，张浚在四川，刘清之在江西，张持甫在江苏，全祖望在全氏义田记中所记载的楼、余、全三氏在浙江。在元代，河南有韩元善，河北有盖苗，浙江有陈、汤、沈、傅、应、董等大族。由此观之，宋元时代，义田之设置，华中、华南就比华北数量稍多。在以上三十二例中，南方有二十八例，华北只有四例。（清水盛光，1986：112—113）

明清时期族田得到进一步的扩展，但仍然延续着南北差异的格局。在江苏，"义庄尤盛，余自侨寓姑苏，见缙绅之家义庄林立。"（俞樾《春在堂杂文四编》），高淳县"祭祀无定式，大约勤置义田，建祠宇"。（光绪《高淳县志·风俗》）在福建，仙游县"故多士官族，今有合族祠堂，置祭田以供祀事"。（乾隆《仙游县志·风俗》）在浙江，青田县"士庶之家，建祠务求宏阔，祭田必思赢余"；（光绪《青田县志·风俗》）建德县"族大而祠有祭田者，则通族咸集"；（民国《建德县志·风俗》）于潜县各分族"皆有家庙，族大多尊祀产"；在江西，赣县其乡聚族而居"必建宗祠，置祭田"；（乾隆《赣县志·风俗》）兴国县"聚族而居者必建祠堂""每祠必置产"。（道光《兴国县志·风俗》）据乾隆年间记载，全省置有祠产者共有6739例。在湖北，来凤县"巨族立宗祠，置祭田"；（同治《来凤县志·风俗》）通山县"大族各建祖祠，置祭产"。（同治《通山县志·风俗及风土》）在湖南，永兴县"同族各有祭会祭田"。（光绪《永兴县志·风俗》）在四川，中江县"人家多立祠堂，并置蒸尝田"。（乾隆《中江县志·地理及风俗》）在广东，"各族皆建宗祠，随祠置有祭田，名曰尝产。大户之田多至数千亩，小户亦有数百亩不等"，有的"日积月累，竟至数百千万"（王检《清除尝租积弊疏》，《皇清奏议》）；番禺县"大姓祠数十所""小姓祠数所"，皆置祭田；（同治《番禺县志·舆地及风俗》）增城县"族皆有祠，祠皆置产，谓之蒸尝田"；（嘉庆《增城县志·风俗》）四会县"一姓尝建数祠，祠皆置产"。（光绪《四会县志·风俗》）

　　清代族田的面积，据有的学者比较保守的统计，如江苏吴县，到宣统年间，族田大约有 70000 亩，占该县所有土地的10.87%。常熟县到宣统年间也有 70000 亩，占所有土地的7.55%。高淳县薛城乡，全乡耕地 8632.76 亩，族田为2222.38 亩，占 25.74%。在安徽，族田占总耕地的 4% 多。但在皖南有的地区族田可占到 32%。族田占比重最大的首推广东省。海丰县的族田可占到 50%，顺德、新会最高可达 60%，东莞县最低，但仍达 20%。广西族田比例为 22.10%。福建族田比例为 10%—60% 左右。而黄河流域的族田只占到 1%—2% 还低。（李文治、江太新，2000：187—195）

下面用表来说明不同时期族田的规模和分布情况。

表一　　　　　　　　　**宋、元、明、清综合族田表**

时代	省名	义田或义庄名（创设者）	义田规模	典据
宋	江苏	吴中范氏义庄（范仲淹）	1000亩	范文正公集
	江西	铅山刘义田（刘辉）	数百亩	渑水燕谈录（王辟之）
	江西	新淦郭氏义庄（郭份）	200亩	朱文公文集（朱子）
	浙江	东阳陈氏义庄（陈德高）	700亩	渭南文集（陆游）
	福建	莆田陈氏义庄（陈居仁）	200亩	攻媿集（楼钥）
	福建	福清林氏义田（林琭）	100斛	后村先生大全集（刘克庄）
	湖南	衡山赵氏义庄（赵葵）	5000亩	同上
	江苏	希墟张氏义庄（张持甫）	400亩	金坛县志
元	浙江	诸暨陈氏义庄（陈嵩）	6000亩	金华黄先生文集（黄溍）
	浙江	龙泉汤氏义田（汤铺）	200亩	同上
	浙江	花城沈氏义庄（沈野先）	500亩	同上
	河南	太康韩氏义庄（韩元善）	100亩	元史
明	浙江	临海陈氏思远庄（陈选）	140亩	匏翁家藏集（吴宽）
	安徽	宣城施氏义田	200亩	施愚山先生学余文集
	安徽	归德沈氏义田（沈鲤）	600亩	沈公家政（沈鲤）
	江苏	太仓钱氏义庄	300亩	牧斋有学集（钱谦益）

续表

时代	省名	义田或义庄名（创设者）	义田规模	典据
清	江苏	无锡华氏义田	1000 亩	无锡金匮县志
	江苏	闻江吴氏义田（吴情）	1800 亩	常州府志
	江苏	宜兴徐氏义田（徐显卿）	300 亩	西园闻见录（张萱）
	江苏	宜兴徐氏义田（徐溥）	800 亩	同上
	江苏	陆氏族田（陆果）	300 亩	同上
	浙江	镇海李氏正义庄	2000 亩	春在堂杂文（俞樾）
	浙江	镇海方氏宝善义庄	1200 亩	同上
	江苏	长洲陆氏义田（陆豫斋）	500 亩	潜研堂文集（钱大昕）
	江苏	武进盛氏拙园义庄	1022 亩	显志堂稿（冯桂芬）
	江苏	汪氏耕荫义庄	1000 亩	同上
	安徽	庐江章氏义庄	3000 亩	皇朝经世文编
	江苏	吴中范氏义庄	5266 亩	范氏家乘
	江苏	浔阳陶氏义庄	1200 亩	苏州府志
	江苏	彭氏润族田	200 亩	同上
	江苏	木渎朱氏义田	100 亩	同上
	江苏	临海戈氏义田	1000 亩	同上
	江苏	骆氏二庄义田	140 亩	句容县志
	浙江	麻隩陈氏赡族公产	160 石	宁海县志
	浙江	杨氏义田	80 石	同上
	江西	程氏义田	1000 亩	省志

时代	省名	义田或义庄名（创设者）	义田规模	典据
清	湖北	戚氏义田	80 亩	沔阳州志
	湖北	江夏陈氏义庄	3000 亩	江夏陈氏义庄条规
	江苏	上海曾氏瑞芝义庄	1055 亩	曾氏瑞芝义庄全案
	江苏	东汇潘氏紫阳义庄	2850 亩	东汇潘氏族谱
	江苏	大阜潘氏松麟义庄	2230 亩	大阜潘氏支谱
	江苏	吴县程氏资敬义庄	2400 亩	吴县程氏支谱
	江苏	莳门陆氏丰裕义庄	1000 亩	陆氏莳门支谱
	浙江	嘉善程氏义田	1090 亩	榆巢杂识（赵遵路）
	江苏	徐氏义田（徐朴）	1000 亩	忍斋杂识（李坤元）

资料来源：清水盛光，1986：128—130。

对中国大家族的研究表明，要真正把握住大家族的复杂性有两个基本的先在条件是必须要注意的，其一是经过长期教化、上下疏导不分阶层的儒家理想主义，其二是小家成长为大家的物质基础，这个物质基础在中国乡村主要体现为土地的占有和高度集中。

庄孔韶（2000）在对中国东南大家族的研究中，提出了"理念先在论"的看法，在一定程度上弥补了前人在该问题上对大传统文化的忽视，提醒我们在观察基层民众的行为时，要特别注意沉淀在他们意识或无意识之中的文化理念的重要性。

尽管如此，大家族成立的物质基础在学界仍然是一个持久的话题。弗里德曼发现大家族的复杂性在某种程度上与较为富裕有关。"我们还看到和不同的社会阶级的关联，在某种程度上说有较高地位的阶级被证明有可能维持一个复杂的家族"。（Freedman，1963：237）。贝克更强调指出："所有中国人的家族在思想上有成就大家族的理想，但对大多数家族来说则很少实现……我们可以说，不是所有富有的家族都是理想的家族，而是所有的理想家族都是富有的。"（Baker，1979：25）。约翰逊也持相同的观点，他说："带有儒家规范和较高地位集团的理想家族模式是属地主士绅的数代同堂的大家族。"他进一步说："事实上，家族结构、规范和习俗有地理上的多样性，并随社会阶级而有差别。"（Johnson，1983：7）

学界对基层政治的进一步研究还发现，某些大族在地方上想要长期维持其支配地位，他们至少要做三件必不可少的事：一是大族之间互相联姻，以形成一个支配网络；二是教育子弟读书以获取功名，目的是霸占文化资源和高层政治资源；三是在可能的条件下继续扩充土地。这三者是相互联结相互依赖的因果圈。土地的占有又是其中最基本的条件和目标。有了足够的土地，才能养活大量的人口，公产的提留也才有可能，有了足够的公产，才能保证敬宗收族的达成，以及子弟读书考试的成功。子弟取得功名获得一官半职后，又把俸禄投资在土地上。而中国"门当户对"的联姻观，在自觉与不自觉中把地方上的豪强大族结为了一体。

土地是如此的重要，以至于在中国古典文献中留下了大量强调性的论述。安徽桐城县张英①撰写的《恒产琐言》无疑是一篇极具代表性的作品。他语重心长地说道：

……

人家子弟，从小便读《孟子》，每习焉而不察。夫孟子以王佐之材，说齐宣梁惠，议论阔大，志趣高远。然言病虽多端，用药止一味，曰有恒产者有恒心而已；曰五亩之宅、百亩之田而已；曰富岁子弟多赖而已。重见叠出，一部《孟子》，实落处不过此数条。而终之曰，诸侯之宝三，土地。又尝读《苏长公集》，其天才横轶，古今无俦四。宜若不屑屑生计者。游金山之诗曰，"有田不去如江水"；游焦山之诗曰，"无田不去宁非贪"；其题王晋卿"烟江叠嶂图"诗亦曰，"不知人间何处有此景，径欲往买二顷田"。可知此老胸中时时有此一段经画。生平欲买阳羡之田，至老而其愿不偿。今人动言才子名士伟丈夫，不事家人生产，究其谋生无策，犯孟子之戒而不悔，岂不深可痛惜哉！天下之物，有新则必有故。屋久而颓，衣久而敝，臧获牛马，服役久而老且死。当其始重价以购，越十年而其物非故矣。再越十年，而化为乌有矣。独田之为物，虽百年千年而常新。即或农力不勤，土敝产薄，一经粪溉则新矣；即或荒屋草宅，一经恳（垦）辟则新矣。多兴陂池，则楛者可以使之润；勤薅茶蓼，则瘠者可以使之

---

① 张英，字敦复，号梦复，安徽桐城人。康熙丁未进士，选庶吉士。历官文华殿大学士。赠太傅，谥文瑞，入祀贤良祠。有《笃素堂集》。此处所引其《恒产琐言》，载王云五主编《丛书集成·初编》，商务印书馆1939年版。笔者重新作了句读。

肥。恒古及今，无有朽蠹颓坏之虑，逃亡耗缺之忧。呜呼！是洵可宝也哉。吾友陆子，名遇霖，字洵若，浙江人。今为归德别驾。其人通晓事务，以经济自许。在京师日，常与之过从。一日从容谈及谋生，毕竟以何者为胜，陆子思之良久，曰：予阅世故多矣！典质贸易权子母，断无久而不弊之理，始虽乍获厚利，终必化为子虚。惟有田产房屋，二者可持以久远。以二者较之，房屋又不如田产。何以言之？房产乃向人索租钱。每至岁暮，必有干仆，盛衣帽着靴，喧哗叫号以取之，不偿则愬于官长，每至争讼雀角，甚有以奋斗窘逼，而别生祸殃者，稍懦焉，则又不可得矣。至田租则不然，子孙虽为齐民，极单寒懦弱，其仆不过青鞋布袜，手持雨伞，诣佃人之门，而人不敢藐视之。秋谷登场，必先完田之租，而后分给私债。取其所本有，而非索其所无。与者受者，皆可不劳。且力田皆愿民，与市场商贾之狡健者不同。以此思之，房产殆不如也。予至今有味乎陆子之言。

……

天下货材所积，则时时有水火盗贼之忧。至珍异之物，尤易招尤速祸。草野之人，有十金之积，则不能高枕而卧。独有田产，不忧水火，不忧盗贼。虽有强暴之人，不能竟夺尺寸；虽有万斤之力，亦不能负之以趋。千万顷可以值万金之产，不劳一人守护，即有兵灾离乱，背井去乡，事定归来，室庐畜聚，一无可问，独此一块土地，张姓者仍属张姓，李姓者仍属李姓。艾夷恳（垦）辟，仍为殷实之家。呜呼！举天下之物，不足较其坚固，其可不思所以保之哉！

……

予仕宦之人也，止宜知仕宦之事，安能知农田之事。但余与四方英俊交，且久阅历世故多。五十年来，见人家子弟成败者不少，鬻田而穷，保田而裕，千人一辙。此予所以谆谆苦口，为汝辈陈说。先大夫戊子年析产，予得三百五十余亩，后甲辰年再析，予一百五十余亩。予戊戌年初析爨，始管庄事。是时吾里田产，正当极贱之时。人问曰，汝夫析产有银乎？予对曰，但有田耳。问者索然。予时也曰，田非不佳，但苦急切难售耳。及丁未后，予以公车有称贷，遂卖甲辰年所析百五十亩。予四十以前，全不知田之可贵，故轻弃如此。后以予在仕宦，又不便向人赎取。至今始悟，析产正妙在无银。若初年宽裕，性既习惯，一二年后，所分既尽，伥伥然失其所恃矣！田之妙，正妙在急切难售。有容易售，则脱手甚轻矣。此予晚年之见，与少年时，决不相同者也。是皆予三折肱之言，其思之勿忽！

贝蒂（Hilary J. Beattie）对桐城县方氏、姚氏、张氏、左氏、马氏诸大族群体进行研究后指出，"在桐城要维持持久精英地位无疑有一个基本的要素（确实就像何丙棣提到的那点），那就是出于安全考虑不断对以土地为形式的财富的追求。该县所有的大族在他们的早期就以土地为基础建立起来，土地的吸引力看来是越来越提高，而不是减少。随着地方经济商品化和货币化的发展，特别是能在市场上出售农产品和靠高利贷获利的机会增多。尽管如此，当地的商业发展和制造业明显没有达到一个像长江下游地区那样老于世故的水平，可能从来没有提供真正的吸引力和一个安全投资的替代。"（Beattie，1979：130）

如果把陕北米脂县杨家沟马氏家族（desent group）作为一个个案，那么从中我们可以管窥到中国支配性的地方大家族与土地关系的一般形态。①

杨家沟的主要特点，是"富者地连阡陌，贫者无立锥之地"，这是 1942 年中共调查团对当地的总体印象。富者都是马族"光裕堂"的"大户"，贫者就是"光裕堂"以外的绝大多数小户。

在杨家沟当时被称为地主阶级的共有五十五户，其中除四户小地主外，都属于"光裕堂"的分支。马姓地主集团的创始人叫马嘉乐，"光裕堂"是他的堂号。他靠放高利贷、兼并土地而起家。"崇盛西"是他手创的第一个放高利贷的字号。

马嘉乐有五个儿子，即鸣珂、鸣琴、鸣盛、鸣銮、鸣凤。当时分家，每人分到土地一千余垧买地和典地，金条二根，银元宝八十个，另外还有许多经营高利贷放账置地的字号。

---

① 关于杨家沟马族的基本情况主要来源于延安农村工作调查团《米脂县杨家沟调查》，人民出版社 1980 年版。正文中不再——注明。有争议的是，即使像马氏这样集中居住的继嗣群体（localized desent group），虽然没有祠堂和公共财产，但在地方事务上仍然相当活跃。这与宗族组织是一回事吗？参见（Rawski，1986：245—274）。

马光裕堂地主集团，时已分成上面五十三户，他们共占有"买地"一万三千九百七十七点五垧。据当时估计实际上要超过这一数目。

马族对地方的支配主要集中在杨家沟周围。但有的人还认为马族占有的土地已经超出了绥德和米脂。其中的代表人物马维新占有 4000 多亩土地，他的佃户有一百多户，居住在 23 个村庄。另外，他还有相当多的"典地"。这些典地随时都有可能被他据为己有。马维新仅仅只有 12.5％ 的土地在杨家沟周围，一半以上永久性的土地分布在以本村为中心半径 10 里的范围，其余的分布在半径 45 里的范围。"典地"分布的范围更宽，涉及的村庄大概有 31 个。马瑞堂也有 4000 多亩土地，分布在 32 个村庄，半径大概有 45 里。

除了他们在地方上的经济实力外，相关联的另一个问题是，马族在一个长时间内还能够保持他们地方精英的地位。在清朝，他们的子弟就有通过考试获得功名的；进入 20 世纪，更有族人出省出国接受西方教育。在清和民国时期，许多族人都在不同的位置担任一定的职务。在 1921 年军阀井岳秀统治陕北时期（1911—1935），马荣选担任靖边县县长。还有为国民党和共产党服务的族人。比如，马钟壁在国民党治下的榆林县任职，马钟祥任国民党治下的米脂县长，马新民任共产党陕甘宁边区的参议员，等等。在 20 世纪，许多马氏族人开始进入军队系统。马润普在胡宗南部下任职，马凌云在云南国民党部队，马乐、马克前和马克定则参加了八路军。另外，还有从事专业工作的其他族人。马师伊在美国康奈尔大学获得化学学位后，在四川泸县 23 兵工厂工作，类似的专业人员还有马师亮和马师尚。总之，马氏族人成功地完成了从晚清到民国新旧精英地位的转换。（Rawski，1986：245—273）

三　大族何在?

——"关中模式"① 及其延伸的宗族问题

关于关中的自然状况，历史地理学家是这样描述的，"关中是个三面环山向东敞开的河谷盆地，位于陕西省中部。其南倚秦岭山脉，北临北山山系，东部宽阔，南北有三四百里，逐渐向西减少为百十里宽；西起宝鸡以陇坻为界，东至潼关以黄河为限，东西约八百余里。《史记·货殖列传》谓：'关中自汧（今陕西陇县）、雍（今陕西凤翔），东至河华（指今黄河、华山）。'"（李令福，2004：1）

学界把历史时期关中的社会性质凸显出来加以讨论，导源于对"阶级话语"的再认识，一如前文所言。

20 世纪 50 年代，中共渭南地委就土改问题给省委的一封汇报信中指出：

> 本区地富数量不多。除极个别的地主外，其占有土地一般超过中农的数量也不大。尤其是富农，在一些地

---

① 关于"关中模式"的基本性质在正文中除注明外皆来自或转引自秦晖（1993，1995）。向秦先生谨表谢意。

区平均有地几与中农相等……这就是说，本区绝大多数地区的土地一般不能满足贫雇农要求，即使动了富农（的土地）也无济于事……据我们了解，除临潼外，其他各县地主很少，二华（指华县、华阴）则有许多乡乃至一部分区的范围内无地主，这些地区的土改内容究竟是什么，是很需要研究的一个问题。

在当时的其他场合类似的看法也不少。如陕西省人民政府主席马明方在 1950 年 8 月陕西省第一次各界人民代表会议上作的关于土改工作的报告中称，关中 41 县市中"土地比较分散，可没收征收的土地很少"；"农民在土地改革中，只能得到有限的土地，有些农民甚至还得不到什么土地"。省土改委负责人之一薛和昉也称，关中"土地分散，甚至完全无地主的乡确实有"。

土改时期一些统计数字表明了同样的情况。渭南专区 13 个县第一期土改区内，土改前地主占有全部土地的 5.93%，富农占有 3.63%，而中、贫农分别占有当地土地的 57.56% 和 23.8%。这四个阶层的人口比重分别为：地主 2.47%，富农 1.81%，中农 50.77%，贫农 34%。在第二、三期土改区内，土改前占总人口数的 1.54% 的地主占有 4.3% 的土地，2.24% 的富农人口占有 4.75% 的土地，50.9% 的中农人口占有土地的 57.5%，37.3% 的贫农人口占有土地 25.2%。这些数字表明，该地区半数以上的人口属于占有土地与其人口比例几乎一致的中农，而中贫农总计的人口与土地均占到 80% 以上，也就是说该地区的两极分化微不足道。

在关中其他地区也大体相似。如西部的宝鸡专区 13 县 1 市，土改前 2.48％的地主人口占地 7.58％，85.21％的中贫农人口占地 80.21％，5.58％的雇农人口占地 1.58％。

该地区也不是说没有地主，只是数量微乎其微。以渭南 13 县而论，土改中划定的地主户在总户数所占比例最大的是华县 1.43％、渭南 1.39％，最小的是华阴 0.01％、蓝田 0.02％。这些地主大多也不是传统意义上出租土地收取地租的"地主"，他们主要是因雇工经营或放债而得到地主这一成分的。

对关中社会性质的这种认识，也同样反映在民国时期一些社会调查报告中。

在 1941 年印行的《陕西省土地制度调查研究》（熊伯蘅、王殿俊）一书中，有这样一些数据和调查结论：

第七表　　　　陕西省各县自耕农半自耕农佃农分配表

县别 农户种类	武功		渭南		宝鸡		南郑		总计	
	户数	％	户数	％	户数	％	户数	％	户数	％
自耕农	56	74.7	69	90.8	74	92.5	46	55.1	242	78.3
半自耕农	18	24.0	7	9.2	5	6.3	29	37.2	59	19.1
佃农	1	1.3	—	—	1	1.2	6	7.7	8	2.6
总计	75	100	76	100	80	100	78	100	309	100

第八表　　　　　**陕西省各县自田租田百分比表**

县别	田场面积（亩）	自田		租田	
		实数	%	实数	%
武功	1573.8	1458.3	92.7	45.5	7.3
渭南	2583.5	2549.5	98.7	34	1.3
宝鸡	894.7	884.2	98.8	10.5	1.2
南郑	879.2	691.6	78.7	187.6	21.3
总计	5981.2	5583.6	94.1	347.6	5.9

第九表　　　　　**陕西省经营自田租田面积百分比表**

经营类别	田场面积（亩）	自田		租田	
		亩数	%	亩数	%
过小经营	645.2	586.1	90.8	59.1	9.2
小经营	2453.1	2208.6	90	244.5	10
中经营	1200.2	1185.2	98.8	15	1.2
大经营	1632.7	1603.7	98.2	29	1.8
总计	5931.2	5583.6	94.1	347.6	5.9

　　附注：十亩以下为过小经营，十亩至三十亩为小经营，三十亩至五十亩为中经营，五十亩以上为大经营。换言之，83.2%的农户田场面积都在三十亩以下，其田场面积在三十亩以上者仅占 16.8%。

第十表   陕西省各种经营户数表

经营种类	总 计		武 功		渭 南		宝 鸡		南 郑	
	实数	%	实数	%	实数	%	实数	%	实数	%
过小经营	115	37.2	14	13.7	8	10.5	52	65	41	52.6
小 经 营	142	45	48	64	37	48.7	22	27.5	35	44.9
中 经 营	31	10	6	8	19	25	4	5	2	2.5
大 经 营	21	6.8	7	9.3	12	15.3	2	2.5	0	0
总 计	309	100	75	95	76	100	80	100	78	100

在所调查的四县中，除南郑属陕南外，其余三县均属关中地区。

调查者得出的结论是，"陕西的自耕农占78.3％，半自耕农占19.1％，佃农仅占2.6％。"（第10页）"南郑的佃农较多，大概是因为南郑水田占耕地的成分较关中为大，水田的地价高，一般贫民无力购买，只有佃耕，因之，佃农的成分较大。这样解释的依据是，在此次调查中，关中水田仅占耕地的4.1％，而南郑的水田则占耕地的35.5％，南郑水田的地价平均每亩价174.5元，旱地地价每亩58.3元，只当水田地价的三分之一。又，南郑佃农的租田，有60％是水田，所以说南郑的水田对于租佃的关系很大。"（第11页）"就全省而言，自田占94.1％，租田仅占5.9％。宝鸡的自田最高，占98.8％，租田仅占1.2％。渭南的自田占98.7％，租田占1.3％。武功的

自田占 92.7％，租田占 7.3％。南郑的自田比例最小，为
78.7％，租田占到 21.3％。如仅就关中三县来说，则自田占
96.8％，租田占 3.2％，三县租田的总和只有 160 亩，还没有
南郑一县的租田多。"（第 11—12 页）

另外在一本民间保存的水利文书中，还透露出历史时期关
中地区农民对土地的拥有及姓氏的分布（杂姓）信息。

《刘氏家藏高门通渠水册》[①]，是居住在泾阳县扫宋乡招义
屯村的刘丝如制于清道光二十六年的一本当地农户用水规则文
书。高门渠是冶河右岸一较大渠道，从清一直使用到 1958 年。
其灌溉范围包括今扫宋乡之居智、招义屯、南屯、董家、高
家、水冯、仇家、蒋村和云阳镇之枣杨、丁村、焦家等二十个
村庄。灌溉面积水册统计为 1209 万亩。水册共列 521 块受水
地，分属十多个村庄 394 个利户[②]，每户所分配到的水程精确
到以分秒计。典型地反映了当时关中的水利灌溉和一些社会状
况。（白尔恒等，2003：7—8，29）

源头起行程六时
利户刘汝福　下水地八十五亩　利户刘汝寿　下水地
二顷四十九亩七分五厘
利户刘凤朝　下水地三十三亩二分　利户刘㦻　下水
地二十亩

———————————

① 该水册透露的信息有水程起止时间、利户名、土地的等级和数量、受水起
止时间等。本文在此只节录其部分利户名和土地的等级数量，详细资料请参见（白
尔恒等，2003：7—48）

② 使用渠水的乡民，又叫"利夫"。

利户魏法　下水地三十亩七分五厘　利户项乡官　下水地二十七亩五分

利户韩惟升　下水地七亩　利户杨景明　下水地八亩

接水行程八刻

利户王宁　下水地三十二亩八分

接水行程二刻

利户杨夫礼　下水地二十八亩　利户李九旺　下水地三亩

接水行程一刻

利户袁弘德　下水地四十二亩七厘

接水行程二刻

利户雷克忠　下水地四十九亩五分五厘

接水行程二时

利户牛克成　下水地二十亩　利户云可道　下水地九十三亩二分

利户王海　下水地三十三亩　利户贾彦春　下水地三十五亩

利户刘允中　下水地三十五亩　利户孙克嚷　下水地四十六亩

利户吕嚷　下水地三十三亩四分三厘　利户张耿　下水地五亩八分

利户张时敬　下水地八亩三分

庙西行程二刻五分

利户杨谦　下水地三十三亩六分　利户杨韩、宋刘下水地三十五亩

石家庄行程三刻

利户张彦和　下水地四十三亩四分　利户焦十三　下水地五亩四分

利户石景景　下水地二十亩四分二厘　利户宋得　中水地三亩一分

中阳店接水行程五分

利户张显　下水地三十二亩一分三厘三毫

东渠行程八刻

利户韩瑰、韩尔鲁　上水地三亩　中水地三十五亩　下水地七十二亩一分

利户韩元鼎　下水地二十亩　利户韩真儒　下水地四亩

利户韩正学　下水地六亩

三渠口接水行程一时二刻

利户韩霈　上水地三亩　中水地二十亩　下水地四十三亩

三道渠接水行程一时一刻

利户邹君受　上水地五亩五分　中水地四亩六分　下水地二顷三十三亩三分五厘

下东渠接水行程二刻

利户韩子俊、韩作梅　上水地二亩　中水地四十亩　下水地二十三亩六分

分三道渠接水行程一刻

利户韩玉　下水地二十亩四分　利户韩尔侗、韩浩　下水地二十亩

文家庄南渠接水行程五刻

利户韩作梅　下水地三十五亩

高头村接水行程三时四刻

利户王仲礼　中水地三十七亩一分五厘　下水地六十九亩七分

利户阎茂盛　中水地三亩八分　下水地三十亩　利户徐五　下水地二十亩四分

利户由其伦　中水地三亩三分四厘　下水地三十七亩

庙西渠接水行程三时

利户葛一奇　下水地二顷二十二亩七分

接水行程一时五刻

利户董才下、董继恩　下水地二顷五十三亩□分八厘

利户刘文秀　下水地三亩八分

利户刘铉、刘光裕　下水地七十八亩一分五厘

利户梁玉　下水地六亩七厘　利户张茂　下水地三十六亩七分二厘

西钟村接水行程一时

利户张安　下水地二顷四十三亩九分八厘

接水行程二刻

利户葛汝才　下水地三十六亩五分

接水行程二刻

利户董继光　下水地四十五亩五分

接水行程二刻

利户董守第　下水地二十亩四分　利户贾兴　下水地二十一亩

　　利户马成　下水地六亩　利户孙万金　下水地二十亩八分

　　接水行程二刻

　　利户张仁美　下水地三十三亩二分　利户李六　下水地六十亩八分

　　利户王九　下水地六十九亩二分　利户宋八　下水地五亩二分

　　利户杨可信　下水地二亩六分　利户刘茂德　下水地三亩八分

　　接水行程七刻

　　利户张大业　下水地三十六亩三分　利户单成、刘昌宗　下水地五十七亩六分五厘

　　接水行程四刻五分

　　利户王翼宗　下水地二顷四十六亩五分

　　接水行程七刻

　　利户刘宿　下水地三十六亩二分

　　……

　　从整个水册的统计资料看，所涉及的农户占有的土地相当平均，在394户中只有13户的土地超过一顷（100亩）以上。而且这些面积稍大一点的土地还分散在不同姓氏的农户手中，他们是"邹君受（二顷三十三亩三分五厘）、刘文义（三顷二十八亩）、张承保（二顷八十五亩）、董才下、董继恩（二顷五十三亩□分五厘）、刘汝寿（二顷四十九亩七分五厘）、张纯仁（二顷四十六亩四分）、张安（二顷四十三亩九分八厘）、杨子

隆（二顷三十八亩三分三厘）、葛一奇（二顷二十二亩七分）、刘和轻（二顷二十亩）、仇克让（一顷九十一亩）"。

在关中地区对土地的集中占有也不是说没有，但却是一些"特殊地权者"。据民国时期学者马玉麟对武功县的调查研究，指出在武功民间固然没有什么大地主，但有三个特殊地权者：

（1）国立西北农专在杨陵镇有地 50 余顷。

（2）西北某要人，于民国二十二年灾荒时在武功县……贱价收买民田 20 余顷。现在除租出一部分外，雇役农民数十人，种植鸦片等作物，因该县所产鸦片之佳，在陕西省首屈一指。

（3）本县某要人，于民国 22 年灾荒时在霸王村购买民田 5顷余，租于农民耕作。

马玉麟又强调指出，"如闽粤等省在数年前有南洋华侨大量投资于农村土地……而武功县则异于是……武功县之地权取得者，可分为军政商农各界，其中军政界之取得地权者，多为较大之地主，因其金钱之来易，其购置田产也亦较占便宜。"在当地的地权转移中政治因素极为突出。

关中土地分散的情况最早可以上推到明清时期。清初的泾阳县，据说是"昔之产（地产）在富，今之产在贫"。"有家累千金，而田不满百亩者"。以至于地价下降，"视明季仅什一耳"，（康熙《泾阳县前志·贡赋志》）"家资巨万无一陇之殖，则对于国家终岁不输一钱"。（民国《续修陕西通志稿·田赋一》）因此国家"劝谕富者多置陇亩"。（康熙《泾阳县前志·贡赋志》）

另一个大县三原也是同样情形。"中人之家不能逾十亩"，（乾隆《三原县（刘）志·地理志》）"饶裕之家，劝令买地，多以为累。万金之子，身无寸土。"（乾隆《三原县（张）志·杂记》

富平县，"县之千万家，田鲜阡陌连也。""县则膏腴，鲜十亩之家"。（万历《富平县志·习俗志》）咸宁县，"荐绅鲜干谒，无侈田广宅"。（乾隆《西安府志·学校志》）合阳县，"人乃以田多为累"。（肖钟秀《合阳县乡土志·物产》）

关中地区人之富裕多以经商所致。陕西商人多以经营盐业为主，历史悠久，逐渐形成陕西商帮，并与山西商人结合而被称为"山陕商人"或"西商"。关中地区的商人多出在泾阳和三原。然而商人们经商获得的利润并没有投资到土地上，在家乡既不兴业，也不置产。相反，惟是奢侈摆阔。如，三原县"以至传染南方风气，竟尚浮华"。"强半似扬州，习俗兼南北"。（《河滨遗集·诗选》）清康熙五年广东屈大均来泾阳、三原，亲身观看了二月初二泾阳县汉桃洞东岳庙会后，又参观了三原县的市场，说："陕地繁华，以三原、泾阳为第一，其人多吴中，故奢丽慕效。"（屈大均《翁山文外·宗周游记》）因此，"陕西商人所占有的巨额资本，对于关中地区社会经济发展来说，很难断定起了多大作用。"（田培栋，2000：424）

从文化建设上来说，关中自五代以降就没有多大建树，这与中国经济文化中心向江南的转移有密切的关系。人才结构出现了极为突出的"武盛文衰"，缙绅阶层远不如江南、湖广发达。陈正祥（1983）对此作了饶有趣味的比较：

历代中进士人数统计

	唐	宋	明	清
武功（代表关中）	14	7	2	0
钱塘（代表江南）	0	82	155	270

人才培养的物质基础最有实力的本应属于陕西商人，然而这些陕商对人才培养的贡献却在外省。例如，流寓扬州的陕西盐商有专门的商籍，他们的子弟可以参加本地的科举考试，其入考的人数大大超过本地人。对这种情况，明万历《扬州府志》序文中说，"土著较游寓二十分之一"。从明正统十三年到崇祯十六年，陕西两淮商籍出身的进士就有 25 人，其中三原籍 17 人，泾阳籍 8 人，蒲城、临潼和绥德各 1 人。（田培栋，2000：376—378）

如前文所言，自贵族制被废除后，中国的士绅阶层主要出自有一定经济实力的地方强宗大族家庭。地方大族主要表现为两种类型，一种是有共同族产的继嗣群体（主要分布在华南和江南地区）；一种是没有共同族产的继嗣群体，其财产分散在小家庭中（如陕北的马族）。虽然类型不一样，但土地的高度集中是它们的一个共同特征。科举考试名义上是自由竞争，实际上成功者大都来自地方社会的支配家庭。这样一种事实上不平等的竞争模式即使在新旧文化交替和社会变迁之际仍然被再生产出来。（应星，2001：208—283）

很显然，关中地区土地分散的事实并不能造就一个强有力的组织化或非组织化的血缘群体。商人对本地的影响也微乎其微。而且关中地区还是一个杂姓社会，前面的例子已说明了这一点。

事实上，本地人的宗族意识也并不那么强烈。据民国时期对陕西蓝田县的调查，"本地人民，大半不立宗祠、不修家乘，以故义子种类复杂难稽。有因荒年遇流丐收养者、有拾养奸生子者、有买异姓子为己子者，其初尚有乱宗之私议，一经历年久远，便认为一般普通族人。本宗遇有乏嗣者，并原将义子后裔过继，倘义子后裔或有一支乏嗣，本宗也愿为之承继，并无户族以异姓乱宗名义，出而理论。其以甥继舅，以内侄继姑父者，尤属地方公认为正当。"（转引自滋贺秀三，2003：487 注[35]）多贺秋五郎（1960）对中国宗谱的研究也显示了陕西宗谱的稀少；罗斯基认为陕西并不是一个宗族繁荣茂盛的地方。（Rawski，1986：.247）

秦晖（1993）的研究也同样强调了这样一种社会事实，他说"……与商品货币关系斩断宗法纽带的一般推理相反，近代中国商品经济最发达的东南农村宗族关系与族权势力最强大，而相对闭塞保守、自给自足的关中农村反而相对少有活跃的宗族组织和强大的族权"。

在这样一种阶级分化不明显的地方社会，又是一些什么样的人在行使支配的权力呢？

土改时期当地农民对分地没有多大的兴趣，因为没有多少可分之地，但对"恶霸"则恨之入骨，整个关中地区当时都有"冷分地、热反霸"的特点。这些恶霸，比如临潼的"三皇五帝"、"五霸七雄"，长安县的"河东王"（罗田伯）、"河西王"（张子敬）、"瞎城隍"（刘镇西）等。而"恶霸"主要并不是一个以财产所有制关系为基础的阶级概念，而是一个以人身依附关系即统治—服从关系为基础的等级概念。关中地区恶霸的地产并不多。如渭南专区13县共有民愤极大的恶霸112名,其中地主60名,富农8名,农民40名,其他4名,地主只占一半多,而且都是小地主。宝鸡专区许多地方农民首先要求清算的是那些私派粮款、贪污敲诈、飞扬跋扈的乡保人员,而这些人又多是富中农甚至贫农。

另外在地方有权势的还有官吏势要、乡保头目,以及一种没有名目但依势恃强横行乡里的地头蛇,关中人谓之"村盖子"者。

临潼县铁炉区的"铁炉王"韩国璋可以作为这些恶霸的典型。韩是铁炉区斜韩村人,原来是个只有7亩地的贫农。1935年他勾结土匪,逐渐成为一个"地头蛇";1936年他参加国民党军队,当上了西安军管区兵役视察员,在家乡扩大势力,勾结黑社会和土匪武装贩毒,后因贩毒被逮捕。贿赂上面后,出狱回乡掌握了保安团。1945年再次被通缉,遂上山为匪。1946年枪毙一小匪下山邀功,当上了"县自卫总队"副队长。不久又遭人告发,被押至西安,行贿后回到临潼,反而加官为县警备团长。

韩从20世纪30年代末以来就成了铁炉的土皇帝。当时人称铁炉区为"韩国",韩以他的谋士张仰载(本地中农出生,1939年起任县教育局督学、铁炉镇镇长、教育科长、田粮处处长等职)和韩炳森(1943—1949年间铁炉镇镇长)为助手,号为"三皇"。下有保长韩建茂等"五帝"及周围各区乡的"五霸七雄"(均为保长),对铁炉区一万多人进行了黑白结合长达十年的统治。

　　然而这些恶霸对土地的占有并没有多大的兴趣。韩国璋在十多年中只把他的土地由 7 亩扩大到了 78 亩，韩炳森有地 79 亩，张仰载的地由 31 亩扩大了 103 亩，是这些人中最多的，但仍属小地主；位列"五帝"之首的韩建茂只有地 30 亩，相当于中农的水平。以他们在当地的势力要随心所欲地扩大土地应该是不成问题的，但他们并没有这样做。

　　这样一种特别的地方社会被秦晖表述为"关中模式"。其主要特征可以概括为以下几点：地权分散，地主及无地农民均很少；没有强大的宗族组织和族权；仅有的少量地主多为"经营地主"，很少出租土地；"经营地主"经济中的"过密化"不亚于或甚于小农；收入分配与效用消费分配的不均度远大于土地分配的不均度，"按资产分配"的阶级分化不发达而"按权分配"的等级分化很发达；平民地主经济的不稳定性远大于小农，权力经济特征明显；积累欲贫乏而消费欲高涨；等等。

第三章　水利与政府组织

我从三原县城到鲁桥镇后，在镇里一家个体旅馆住下。男主人姓王，我叫他王叔。王叔快 60 岁的人了，每天还骑摩托到县城上下班。后来我与他们家接触的时间长了，才了解他年轻时爱好文学，发表过许多反映本乡本土的文学作品，有的还获过省地县的各种荣誉奖。

"王叔，您应该算是乡土作家吧！"

"哪里，哪里，那都是年轻时的事了。家里成分不好，后来娃又多，娃要吃饭上学，慢慢就把这个爱好丢了。"

不过王叔看起来还是有些文人味道。晚上一般都会看到他抱着一本小说，对文坛上发生的事情也很熟悉。

王婶每天就在家管理这个小旅馆。平时几乎就我一人，到了赶集的时间住宿的人才会多起来。他们家的水龙头引起了我的注意。王婶每天都要用一个塑料桶一直放在龙头下面接水，水却开得很小。

"王婶，这里用水方便吗？"

"我们这里的水都是买私人打的井水，北街还好，水管接到家里来了。没安水管的就只能用三轮车去拉水。杨杜村打了一口自喷井，水很好，都供应县城去了，我们这里用不上。"

确实，与水源丰富的南方相比，这里家家用水都不是那么大手大脚随心所欲。

王叔一家知道我的来意后，每天吃完晚饭都跟我聊地方上的风土人情。一天晚上王叔对我说，"小石，我带你去认识一个老水利，姓师。师老先生在清惠渠管理局工作了一辈子，现在83岁了"。

王叔领着我摸黑拐了几条巷子到了师老先生家。王叔作了一番介绍，师老先生表示欢迎后，我们自然就谈起了水利上的事。

"能不能请师老先生介绍一下历史上这里的水利情况?"

"清峪河已有二千多年了，民间各渠道有自发组织、委员会，管事的叫渠长，以下有斗长、组长。垒石组埝引水。按土地多少分配水，以烧香为证。权力集中在用水大户。泾邦（?）埝管一万多亩地，源澄渠管一万四千多亩地。伍渠埝、八复渠供皇陵用水，制度很严，一万六千多亩地。初一到初八是八复用水，以后供伍渠、猛涨渠，没有固定水程，一万六千亩地。国民党时有两个委员会，偷水时被打死不偿命，'龙口夺食'，打架夺水，每年都有死人。委员会只能调解，没什么权威，说不上什么话。解放后，水利建设都是群众自筹（民办公助），管理局（清惠渠局）的工资都是收水费来支付。泾惠渠解放前和现在是国营，政府投资，水费上缴，清惠渠是民营的。委员会有三人，会长、会计、收钱的。下面的渠长是委员，渠长由热爱水利，有威望，或副保长，由群众选的人担任，比保长威信高。"

经过师老先生的介绍后，我大体对过去和现在的水利情况有了一些认识。政府出面修建的水利工程当地叫"官渠"，民间修建的叫"民渠"。泾惠渠管理局是省水电厅下属的事业单位，设在三原县城，职工是"吃财政饭的"，而清惠渠是县水电局下属的企业单位，设在鲁桥镇。这种差别还可从渠道的规模上看出来，泾惠渠的渠道宽阔、齐整、讲究，而清惠渠的渠道在这几方面就大不如前者。

关中大规模的水利工程历史久远，其中"官渠"的历史至少可以上推到战国末期秦开郑国渠引泾灌溉，迄今已有 2200 多年的历史。

一　政府组织主导的"官渠"
——建 设 与 管 理

战国时期郑国渠遗址（今日泾惠渠渠首）

1. 郑国渠

郑国渠是秦王政元年（公元前 246 年）动工在关中兴建的大型引泾灌溉工程，这本来是韩国的"疲秦"之计，欲使秦致力于建设，无力东伐，秦花费了十多年时间，经历了一场曲折的政治斗争，建成后对增强秦国的经济实力和完成统一大业发挥了重要作用。[①]

2. 白渠

白渠是汉武帝太始二年（公元前 95 年）继郑国渠之后，由赵中大夫白公主持兴建的大型引泾灌溉工程。《汉书·沟洫志》载："太始二年，赵中大夫白公复奏穿渠。引泾水，首起谷口，尾入栎阳，注渭中，袤二百里，溉田四千五百余顷，因名曰白渠。民得其饶，歌之曰：'田于何所？池阳、谷口。郑国在前，白渠在后。举锸为云，决渠为雨。泾水一石，其泥数斗。且溉且粪，长我禾黍。衣食京师，亿万之口。'言此两渠饶也。"

白渠和郑国渠兴建时间相隔约 150 年，距六辅渠修建仅隔 16 年，六辅渠的兴建仅是郑国渠的补充，而白渠则是郑国渠后引泾工程大规模的改造，此时郑国渠的引水因河床下切发生困难，下游引用他水灌溉部分农田，灌溉效益已大为减少。白

---

① 《史记·河渠书》载："而韩闻秦之好兴事，欲罢之，勿令东伐，乃使水工郑国间说秦，令凿泾水自中山西邸瓠口为渠，并北山东注洛三百余里，欲以溉田。中作而觉，秦欲杀郑国。郑国曰：'始臣为间，然渠成亦秦之利也。'秦以为然，卒使就渠。渠就，用注填淤之水，溉泽卤之地四万余顷，收皆亩一钟。于是关中为沃野，无凶年，秦以富强，卒并诸侯，因命曰郑国渠。"

渠的兴建提高了引泾灌区的效益，加之其他如引渭灌溉工程及关中漕运工程的大规模的兴建，曾使关中成为全国最富庶的地区，史载"天下财富三分，关中有其二"。关于白渠与郑国渠的灌溉效益，班固在《西都赋》中这样描述："郑白之沃，衣食之源；提封五万，疆场绮分，沟塍刻镂，原隰龙鳞；决渠降雨，荷锸成云，五谷垂颖，桑麻铺棻。"赞扬了郑白渠显著的效益。

白渠建成后，仍沿用引洪淤灌的灌溉方式。由于郑国渠引洪灌溉的基础和西汉时期农业生产技术的提高以及减免徭役使民休养生息等一系列政策的推行，白渠灌溉面积虽不及郑国渠的三分之一，但已开有支渠，灌水较有保证。

西汉于武帝元鼎二年初置水衡都尉，设有都水丞。《汉书·百官公卿表》载："水衡都尉，武帝元鼎二年初置……甘泉、上林、都水七官长丞皆属焉。"又"内史，周官，秦因之，掌治京师，景帝二年分置左右内史，武帝太初元年左内史更名左冯翊设左都水长丞，右内史更名右扶风有右都水长丞，与京兆尹为三辅。"白渠在三辅都水管理之下，是中国最早的灌溉管理制度。郑国渠使用了140多年引水口即被淤废。白渠至新莽时使用100多年，无永久性引水建筑物难以长久不衰。事实上东汉迁都洛阳后，关中一带曾多次沦为战地，郑白渠渐废。东晋时期曾有前秦苻坚于泾水上源，凿山起堤，通渠引渎，西魏时开白渠及贺兰祥修造富平堰并开渠引水东注于洛。渠口设置及工程使用时间史无记载。

3. 郑白渠（又称三白渠）

唐代郑白渠，因有太白、中白、南白三大干渠，所以又称三白渠。最初三白渠共设斗门48个。唐武德二年（619）在下邽县扩建金氏二陂，将中白渠横跨石川河，东南注入金氏陂。大历十三年（778），京兆尹黎干请开郑白支渠后，确立了三白渠集中在三限口设闸分水的渠系布置，斗门增加到135个。安史之乱后，唐王朝日渐衰落，灌溉管理松弛，灌区上游豪强权势之家霸水，使下游高陵灌区无着。长庆三年（823），高陵县令刘仁师根据《水部式》（唐代颁布的用水管理法规）中所列"居上游者不得壅泉而专其腴"的条文，上告泾阳县，胜诉后获准另开水道，在两县交界处兴建彭城堰和刘公四渠，开工后

作者与师老先生

又因泾阳人"以奇计略术士"而一度停工，几经周折才得以建成。

自彭城堰和刘公四渠建成后，三白渠的渠系工程配套更加完善，整个灌区的渠系布置是：自仲山泾河峡谷石门洪堰引水至泾阳县西北三限口为总干渠，渠上开设斗门 28 个，前 4 斗与礼泉分溉田亩，以后诸斗灌泾阳田；三限口设闸分为太白、中白、南白三条干渠；太白渠上开设斗门 5 个，灌三原、富平，太白渠至邢村设堰，因清、冶水与白渠合流，邢堰下分为二渠，北为务高渠开斗门 23 个，南为平皋渠设有斗门 8 个；中白渠流过汉堤洞，旧从北岸支分一渠名狂渠，后废，在南岸开斗门 3 个，北岸开斗门 4 个，流至高陵县西北 30 里县界设有彭城闸，彭城闸北限为中白渠正流，设斗门 23 个，分水灌三原、栎阳，下游后又支分为洪沙渠、宁玉渠，后废；南限中南渠设斗门 12 个，至磨子桥又分为二渠，一为高望渠，设斗门 12 个，一为隅南渠设斗门 12 个，至张市里再支分为二渠，北为析波渠设斗门 5 个，南为昌连渠设斗门 3 个；南白渠设斗门 5 个专灌泾阳。总计有干渠 3 条，分支渠 11 条，斗门 176 个，还有若干处泄水、退水设施。每渠每斗专设渠长、斗门长一人，且各斗均有斗名，受水时刻、水量及灌溉田亩均有定数。

唐代时期农田水利工程已遍布全国各地，对水利管理也更为重视。当时已有水利法规作为中央政府的法律颁布实行。中国现存最早的一部水利法典《水部式》就是唐时制定的。对农田水利及桥梁、渡口、船闸等水利工程的管理与维修等方面都作了具体规定。在农田水利管理方面，诸如灌溉管理组织、用水制度、处理用水纠纷等都列入了条文，其中有不少条文是专门针对郑白渠的。

唐代郑白渠因为有较为完备的渠首及渠系工程，其灌溉方式是避开洪水以防渠道淤塞，并逐步形成了每年八月兴工修堰，九月完工，十月一日放水，至次年六月遇涨歇渠，七月住罢的定例，以及支、斗渠自下而上轮灌的顺序。还规定沿渠设置的水碾砫，只能在八月三十日以后正月以前用水，以避开农田灌溉季节。按《水部式》及有关史料记载，斗门的设置是唐代灌溉管理水平的显著标志，有了斗门就可以按各灌溉渠道的灌溉面积、作物种类及不同生长季节的灌水要求，合理地分水和调配水量。而这些斗门须按官府规定修建，不能私设，要用块石砌筑，安装坚固的木闸门，不许当渠造堰，在支渠上可临时筑堰壅水灌溉高地；灌溉田亩须预先申报，按先下游后上游的顺序依次轮灌，以保证均衡受益，还规定了干支渠的分水比例。

唐代对郑白渠的维修非常重视，据不完全记载，近 300 年间平均不到 30 年就有一次大整修。《水部式》对泾堰等水利工程的维修都有具体要求。有些时候，沿渠权贵富商增设碾砫，使渠流拥塞，影响下游灌田。限制和拆毁碾砫就成为渠道管理中的大事，皇帝曾多次下诏并派官员巡检渠上，拆毁碾砫，唐代宗曾亲自命升平公主毁去她和驸马郭暖的两处碾砫，京兆尹黎干曾废碾砫 80 余处。

唐代的水利管理机构，除中央设有工部尚书，下属水部（水行政管理机构）、都水监（工程施工机构）和河渠署（中央派出机构）外，在地方上还设有河堤使者，后称河堤谒者，郑白渠的管理直属京兆尹，并以京兆尹一人负责，有时也兼有渠堰使衔，或另设渠堰副使，府县差官一人督视，每渠及斗门设长一人。上至中央下至斗门，都有专人管理，形成了一套系统的管理机构和体制，还规定了渠、斗长的选用标准和考核制度。

4. 丰利渠

宋代初期，对郑白渠渠堰进行过维修，并因石堰用工甚大而改用木堰。至道元年（995）朝廷派大理寺丞皇甫选和光禄寺丞何亮现场视察，提出重新开挖渠口。到景德三年（1006）太常博士尚宾在介公庙处绕过白渠洪口，开渠引泾水合旧渠。此后在天圣六年（1028）、景祐三年（1036）、康定年间（1040—1041）和庆历年间（1041—1048）也曾先后修过渠堰，均未能维持太长时间。

神宗即位，采纳王安石变法，多次下诏诸路大兴水利，并于熙宁二年（1069）颁布"农田水利约束"。熙宁五年先后有泾阳令侯可"凿小郑渠，引泾水与古郑渠等高"，都水丞周良儒自石门堰泾水开新渠，至三限口与白渠合。到大观元年（1107），秦凤路经略使穆京以太府少卿出使陕西，接受宣德郎范镐和承直郎穆卞的建议上书奏准，"乃诏本路提举常平使者赵佺与献说者相地计工，二年（1108）七月诏可，俾佺董其事，经使以是年九月越明年四月，土渠成，广一丈八尺，深视地形高下，袤四千二百二十尺，南与故渠合；明年闰八月，石渠成，下广一丈八尺，上广一丈四尺，深视地形高下，袤三千一百四十有一尺，南与土渠接。又度渠之北地势高峻，通窦以

放涨水。凡溉泾阳、礼泉、栎阳、云阳、三原、富平七县田二万五千九十三顷，赐名丰利渠。"(《侯蒙开渠记略》)

宋代沿用唐代郑白渠立三限闸以分水、立斗门以均水的水量分配制度。北限入三原、栎阳、云阳，中限入高陵、三原、栎阳，南限入泾阳。到分水时各县须有正官一人亲到限首，共同监视。共有斗门135个，其中三限以上设斗门19个；北限太白渠上设斗门5个，下至邢堰分为二渠，务高渠有斗门23个，平皋渠有斗门8个。中限中白渠上有斗门10个，至彭城闸分为四渠，中白渠有斗门23个，中南渠有斗门15个，高望渠有斗门11个，隅南渠有斗门5个，其中中南渠下又分为二渠，折波渠有斗门1个，昌连渠有斗门3个，南限南白渠有斗门12个，水出斗后各户自开小渠引入田中。

水量以"徼"计量，水流一尺见方为一徼。渠首最大引水量为120徼，原在平流闸下石渠岸刻有石龟，有"水到龟儿嘴，百二十徼水"之说。至三限口由守限者每日探量，将量得的徼数上报所司，据以分配水量。用水时先由斗吏上报灌溉田亩，按渠司发给的"水限申帖"所限定的徼数和放水时刻，开斗放水，自下而上依次轮灌，昼夜不停，并有渠司派人跟踪水头，督促用水，浇完闭斗，交付上斗。还规定一徼水一昼夜溉田80亩，如有违犯或超限超时用水者，予以断水或处罚。自十月一日放水，六月涨水歇渠，七月住罢。十月一日放水浇夏田，三月浇麻白地及秋白地，四月只浇一色麻苗一遍，五月改浇秋苗。

宋代丰利渠直至元代修王御使渠前，渠首已筑有石堰，并保持着每年八月兴工，九月完工的渠堰维修制度。而且规定于

郑国渠纪念馆

七月前，组织用水户就地进行渠道整修和清淤，以保证渠水畅通，并由巡监官、斗门长督促用水户预先修理渠口、砌垒斗口，使无损坏透漏费水。渠首石堰派往 30 名军看管，三限口等分水处由五县各派监户一名，与都监一同看守。还规定上游石渠、土渠渠岸两边各留空地一丈四尺，不得设置障碍影响巡水道路；三限闸以下各干支渠两边各留空地八尺，斗渠渠岸两边各留空地五尺。每年初春在渠岸栽种榆柳，以坚固渠岸，各斗用水户要就地栽种榆柳。对渠岸修筑不牢固，堵渠开口偷水，砍伐护岸树木者，均予处罚。还实行"计田出夫，验工给水"的制度，规定每出夫一名，可浇夏田一顷三十亩，秋田四十亩，共一顷七十亩。

宋代管水机构，中央仍有工部所属之水部及都水监和外置都水使者（或称外都水丞）之设置。三白渠则专设提举之职，"提举三白渠公事，掌潴泄三白渠，以给关中灌溉之利。"（《宋史·职官志》）

5. 王御史渠

王御史渠是继丰利渠运行 200 多年后，于元代中叶修建的引泾灌溉工程。丰利渠历经北宋、南宋、辽、金，特别是元伐金等战乱的影响，年久失修，渠堰堵坏。元初曾有几次维修，至元年间（1264—1294）立屯田府督治之，大德八年（1304）又由屯田府总管夹谷伯彦帖木尔及泾阳尹王珺督导之，但均无大成效。

《元史·河渠志》载："至大元年（1308），王珺为西台御史，建言于丰利渠上更开石渠五十一丈，阔一丈，深五尺，积一十五万三千工，每方一尺为一工。自延祐元年（1314）兴工，至五年渠成，是年秋改堰至新口。"

王御史渠建成前后，正值元代中叶，对三白渠的管理较为重视。早在太宗十二年即设三白渠使及副使，直属朝廷，置司云阳县。至元年间初，因渠堰缺坏，土地荒废，设河渠营田使司，安置屯田，二十八年改为屯田府总管，在三白渠灌区之泾阳、临潼等县有屯田 5600 多顷。此后泰定年间（1324—1328）、天历二年（1329）及至正三年到十二年（1343—1352）也曾多次维修。

在渠系分水、配水及用水管理方面，均沿用旧制，只是在"计田出夫，验工给水"上，因元代地广人稀，改为"每夫一名令浇二顷六十亩"。对违反水法者最初规定，多浇一亩地罚小麦一石，随后又对出夫与不出夫加以区别，不出夫之家多浇一亩罚一石，而出夫之家罚五斗，后来又分别减半罚之。

据《长安图志》载，至元十一年（1274）九月初二，大司农司扎付呈准中书省制定水法条款，有《洪堰制度》和《用水则例》，成文年代在王御使渠修建前。制度和条例基本上总结了唐宋时期三白渠管理办法。

元代对三白渠（郑白渠）的管理比较重视，设专职官员管理。太宗十二年（1240），梁泰任宣差规措三白渠使，以郭时中为副使，修渠置司于云阳县。至元十一年初（1274），设河渠营田使司，并安置屯田。至元十七年（1280），以高举、商璘为河渠营田使司大使，李伯禄为副使。至元二十八年（1291），改河渠司为屯田总管府兼河渠司事，任命达鲁花赤为总管，设副总管一员，同知一员，看守洪口囤堰水军十一名，看管探量三限口水直人夫四名，看管探量彭城限水直人夫二名，看守邢堰人夫一名，斗门子135名。下司属五所：终南、渭南、泾阳、栎阳四所，各设令一员，丞一员，平凉一所，拟正副提领各一人，屯田设48屯，其中泾阳9屯，栎阳9屯。大德八年（1304），夹谷伯彦帖木尔任总管。王御使渠建成后，屯田总管府兼河渠司的组织机构一直延续到元末。

6. 广惠渠

明代引泾灌溉，前期主要是对元代王御使渠及唐三白渠系进行整修。洪武年间曾派耿炳文等人多次修治洪堰和疏浚渠道。到明代中叶始建成广惠渠。

明代渠道管理赏罚制度较为严格，现存天启二年所立石碑记"兵巡关内到沈示，仰渠旁居民及水手知悉，如有牛羊作践渠岸，致土落渠内者，牛一只羊十只以下，各水手径自栓留宰杀勿论，原主姑免究；牛二只羊十只以上，一面将牛羊圈栓水利司，一面报官锁拿原主，枷号重责，牛羊尽数辩价，一半赏水手，一半留为修渠之用，特示。高陵县知县兼泾阳县事奉文行取赵天赐"。

7. 龙洞渠

清代前期曾多次对明代的广惠渠进行维修。顺治九年（1652）泾阳县令金汉鼎重修广惠渠时，同时利用了泉水和河水。康熙八年（1669）泾阳县令王际有、雍正五年（1727）督臣岳钟琪、七年（1729）总督查郎阿又先后修渠筑堤。到乾隆二年（1737）为防止泾水淤渠，于龙洞北口置坝堵口，开始"拒泾引泉"灌溉，改称龙洞渠。

龙洞渠自乾隆拒泾引泉灌溉后，工程维修成为重点。自乾隆、嘉庆、道光、同治到光绪和宣统年间，历任陕西巡抚和泾阳、高陵等县知县，或动用国库银两，或摊派捐款，花费银两少则数千，多则数万，增筑渠堰，疏渠固堤。民国九年靖国军总司令于佑任委任高又明、高士蔼等人监修鸣玉泉；民国十二年李仪祉任陕西水利分局局长，筹款二万两，委任高士蔼、岳介藩等人监修天涝池、碧玉泉等渠道工程。

龙洞渠的用水管理，一直沿用唐宋以来长期形成的用水制度。由于改为引泉水灌溉，水流量较为稳定，渠系水量分配及干支渠受水时刻都是固定的，每月轮水一次。全渠 106 条斗渠，斗门每月开闭时刻、灌溉面积、利夫名额都有明文规定。

民国初年，用水制度仍沿用清制。民国十一年，龙洞渠管理局四县管理通章规定，泾阳、礼泉两县按原水程办理，三原县水程每月初十初刻，水至三限闸上，至十三日卯尽时止，高陵县水程每月初四日寅时初刻起，至初七日子时六刻止，各县水程有误时者由本县水利局报告管理局查处。各斗用水时刻，按清代旧制，每月轮水一次，固定开斗和关斗时间。全渠斗门数 74 个，泾阳县 44 个，三原县 5 个，高陵县 25 个；用水制度，自下而上，由管理局制定水签，烙上戳记，每斗至开斗期由各斗斗夫或利夫执签为凭，点香计时监视，开斗时刻已足，即交签于上斗斗夫或利夫，上斗用毕交于再上斗，周而复始。各斗内地亩用水分配，由各斗斗夫自处。凡上斗占用下斗开斗时间，不修渠岸故意失水，由支渠直接开口，或私行开渠不遵正渠，无签私开斗门，强霸水程殴打管水人员，用本斗之水浇外斗之土地者，皆处罚款，每亩为 3、5、10 元不等。

龙洞渠的管理机构，据《陕西通志》载："雍正七年川陕总督查郎阿以渠工需员专理，提请西安管粮通判改董水利，驻扎王桥镇俾得随时修葺。"开始专设水利通判。乾隆五十一年（1786）撤销水利通判，改设水利县丞或由灌区各县知县兼管。民国十一年龙洞渠设管理专局，另设龙洞渠水利局。

8. 泾惠渠

民国初期，陕西水利处于停滞状态。民国二年（1913），李仪祉①第二次留学德国与郭希仁②同行考察欧洲水利。

民国十年，陕西靖国军总司令于佑任、总指挥胡笠僧等倡议利用救治余款，兴办引泾灌溉工程，成立渭北水利委员会，公推李仲山为会长，设渭北水利工程局于三原，以李仲山、柏厚福为正副总办，同时敦促李仪祉从南京河海工程专门学校回陕任总工程师。李仪祉回陕后，不久郭希仁病逝，李继任陕西省水利分局局长，把原渭北水利工程局改为工程处，直归陕西省水利分局领导，并兼任工程处总工程师，组织测量队伍，开展测绘工作。测量完成后，提出引泾规划方案。由于当时战乱频仍，工款无着，引泾计划无法实施，1927年李仪祉离陕东去。

民国十七年至十九年，关中连续三年大旱，全省受灾范围达80余县。民国十九年杨虎城任陕西省政府主席兼西安绥

---

① 李仪祉，原名李协，字宜之，陕西蒲城县人，1882年2月20日生，是我国近代著名的水利科学、中国水利学会的创始人，陕西省泾惠渠等水利灌溉工程的倡导者和主持人，1938年3月8日病逝于西安。

李仪祉1909年毕业于京师大学堂，1909—1915年曾两次留学德国，始学铁道，以后专攻水利。回国后从事水利和教育工作，任南京河海工程专门学校教授、教务长，并兼任南京高师、同济大学教授，后任西北大学校长等。曾历任陕西省水利局局长、建设厅厅长、黄河水利委员会委员长、导淮委员会总工程师，华北水利委员会委员长、扬子江水利委员会顾问等职，并被推举为中国水利工程学会会长，直至去世。

② 郭希仁，名忠清，字希仁，陕西临潼县人，1881年11月18日生，1923年5月21日病逝于西安。陕西建立民国政权后主持参谋处和民政府，总理军民各事。民国初年任陕西省教育厅长，民国六年至十一年，兼任陕西省水利分局局长。

今日泾惠渠主干渠

靖公署主任，遂于 11 月 16 日召开渭北五县代表大会，成立水利协进会，派张丙昌为协进会监督，特邀李仪祉任陕西省政府委员兼建设厅长，决定由省政府拨款，并准备派一个师的兵力参加修渠。同时，中国华洋义赈救灾总会、檀香山华侨和其他人士也纷纷捐款，赞助引泾工程。至此，酝酿多年的引泾灌溉工程遂得以兴建。民国二十一年，渠首引水工程及总干渠、南北干渠及第三支渠土渠工程告竣，第一期工程建成，并经 4 月 6 日陕西政府委员会谈话会议公定，命名为"泾惠渠"。第二期工程于民国二十二年开工，由北平和上海华洋义赈会捐款修建中下游各支渠。民国二十三年"泾惠渠管理局"成立，至年底各项工程先后完成，全部工程施工历时四载。

　　泾惠渠的管理方式自建成后到现在，主要采用专业管理、

作者在近代水利专家李仪祉陵园

民主管理和群众管理（详见下文）相结合的组织形式。现在设在三原县城的"泾惠渠管理局"一位年轻干部对我说，目前泾惠渠还是延续李仪祉时期的管理模式。

民国二十三年元月在泾阳县城设立泾惠渠管理局，直属陕西省水利局领导。管理局下设管理站，是按渠系并结合行政区划设立的基层管理机构。根据灌溉面积和工程设施情况配备管理人员。配水站是按渠系用水计划，负责干支渠水量调配的专门机构，中心任务是保证干支渠间均衡合理用水。配水站在干支渠分水枢纽设立若干配水点，配备专门配水人员进行水量调配工作。

1949 年后，在当地党政部门统一领导下，以灌区为单位，组织有关党政及水利、农业部门的领导和专家，建立灌溉委员会，进行民主管理。泾惠渠灌区委员会成立于 1951 年 5 月 8 日，当时灌区分属咸阳、渭南两个地区的五个县（区），灌溉委员会由地区专员（或副专员）、各县县长、泾惠渠管理局局长及灌区有关农业科技部门人员组成。（《泾惠渠志》编写组，1991）

二　水利纠纷处理中的政府权威

——以民国时期为例

据民国二十五年的统计，关中地区发生的水利纠纷主要有三类：一是引水争讼，如先年共用一水源，各自筑堰开渠，一遇天旱，或上游拦截独用，或另开渠堰以灌下游之地及引溉旱田；二是用水纠纷，如同一水源共用一渠，先年轮流分用，旱年水量不足，或上游拦截，或强开支渠；三是渠道及其他纠纷，如渠道占用地亩，或索取地亩租税及修理责任不清等。以下择要迻录截至民国二十五年二十年间所发生的主要水利纠纷案例及陕西省水利分局的处理经过和结果。（张光廷，1936：19—32）

案例 1

争讼时期：民国七年至十三年

案由：长安县南乡水寨村因在潏河北岸开渠引灌旧有稻田，徐家村以在该村堰口上游增开渠堰妨害下游用水，因而起讼，于民国七年互控于陕西省水利分局。

事实及处理经过：水寨村于民国四年开始在徐家寨堰口上开渠，两造起讼。经县判令水寨村具结填渠。民国六年用水时期又因修渠斗伤人命。民国七年互控于水利分局，经局派员勘验，水寨渠系新开，所浇之地系潏河水粮稻田。前由杨家堰旧渠用水，现时潏河水量有余，拟准开渠，堰口设闸。引水办法四条，商处未决，案经上诉，奉经呈省署批示，仍遵旧判。民国八年九年，继讼不已，省署派咨议会水利分局委员处令，长安县委民团局农会绅耆调处议定，水寨旧渠填塞，堰口上移，去徐家寨堰口三百三十弓，另开新渠，经呈准省署未即执行。民国十一年，徐家寨又请查案填渠，经局派员勘测，时届天旱，河水断流，各堰均沿河挑渠引透沙水，上下游堰口均有水灌田，判令仍照前议处理。民国十三年，又兴讼，经局复派员详查，徐家寨稻田旱荒尚非事实，水寨村横河筑沙梁二道，瓜州村筑沙梁一道，该二堰口有明水，徐家寨堰口无明水，判决如主文。

争讼要点：徐家寨所争在天旱水微，上游增开一渠，必致该村堰渠水不足用。水寨村所争系该村本系潏河水粮稻地，先年有堰渠，因被冲毁，现时修复，实非新开。共同争点在堰口间能开透沙水渠长短。

判决主文：水寨村旧渠填塞，将渠口上移，去徐家寨堰口三百三十号，不得横河筑梁截水。

判决理由：潏河水量经数次勘测，平时水量有余，旱时河水断流，各堰渠均有水引灌。水寨村地亩确系水粮稻地，渠虽新开，所灌之田系旧有，依陕西省水利通则第三条第二十二款之规定。

判决日期：民国十三年七月

案例 2

争讼时期：民国十一年九月

案由：泾阳县云阳镇冶峪河广利渠村民因搜究水程与高门渠村民涉讼，经县判处不决，互控于陕西省水利分局。

事实及处理经过：查冶峪河旧有四堰，分为九渠，广利渠附于高门渠内。民国十一年，田旱，广利渠未得用水，控高门渠久吞渠水，经县令冶峪河八渠长会勘呈报，高门渠内于清季增开广利渠，非增堰口，处令高门与广利分水，高门渠村民不从，复经县令四区八总查会同各渠长勘处呈报，广利实高门支渠，按该堰二分六厘之水及两渠地亩多寡，处令高门占二分零八毫，广利占五厘二毫，于古分水处安置铁眼，同日分用，两造具结，至定期安置铁眼时，因所造式样较判定稍大，由县谕令另造，改期安设。久未执行，上诉于水利分局，经局派员会县详勘拟处具呈。据泾阳县志乘，云阳镇西石门庙碑等记载，广利渠系高门支渠，占水程二分六厘，浇地一百四十一顷二十一亩。高门渠所呈验水册计浇地一百一十五顷四十八亩三分，溉田受水占时二百四十八时四刻三分八厘，引水行程七十七时二刻三分六厘。各利夫浇地受水时刻与注列用水起止时刻不合。按之上游天津渠浇地一百九十余顷，引水行程二十九时六刻六分。下游北泗仙里海河等五渠浇地一二百顷，引水行程不过二三十时，显系高门渠有广利水程，拟议或按广利渠旧日用水规定，或依泾阳县原判，按成分水，设置铁眼，同日分用。经局核定分用，令县执行。

争讼要点：广利渠所争要点，两渠共用一堰，分日用水，高门渠恃众把持，破坏古规。高门渠所争在同系冶峪河渠，各有堰口，相距五里。广利渠堰口冲毁失利，不得强争高门堰口之水。

判决主文：广利、高门两堰，确系共用一堰之水，应按地亩多寡，分日用水。广利渠仍照原日行水时日分，给五日零九时水程，每月自二十日卯时起至二十五日亥时止。高门渠另造水册，规定各利夫用水行程，不得阻止广利渠开渠用水。

判决理由：广利渠系高门支渠，已证之于志乘、碑记等。考之广利渠所呈水册，用水时刻首尾不衔接，短少浇地四五顷之时刻，引水行程比之上下游渠均过多，各利夫受水时刻与注列不符，而册载地亩较各项证件少，又足证明高门渠吞夺广利水程。据陕西省水利通则第二条之规定，判决如主文。

判决日期：民国十三年九月陕西省水利分局判决，民国十四年三月由泾阳县执行。

案例3

争讼时间：民国十八年六月

案由：富平县温泉河怀德渠下游上游人民因用水涉讼，控县未决，上诉于建设厅。

事实及处理经过：温泉河怀德渠创设于明代，上下

作者与房东王占胜先生在泾惠渠渠首

游用水纠纷起于清乾隆时，判定上流下接水，不准上游放水入河，轮灌旱田，相安无事。民国十七年天旱，下游未得灌溉，控诉上游霸水独浇。于富平县政府批令建设局管理，经局处令，分日灌田，上游占二日，下游占三日，周而复始。上游不从，复由建设局招众会议，按月分水，各分十五日，轮流灌田，上游仍不服。案悬未结，下游人民上诉于建设厅，经厅派员会县勘验，查得碑文判结，均系上流下接，上流不得种藕，种叶，沤蔴，浇旱田，放水入河，下游不得因水量微时，强争分用日时，现时上游种有少量菜田，不无多耗水量，下游秋禾尚未浇灌一次。

争讼要点：上游所争在上游开渠在先，下游开渠在后，古规上足下用，只有不得私灌旱田及放水入河之禁，曾无分水之案。下游所争在天旱水微不分日灌溉，下游永不得水即受旱荒。

判决主文：怀德渠灌溉方法仍按旧规，上流下接，上游灌溉地亩以九十顷为限，不准私灌例外，旱田灌溉地亩只准种麦、蔴、稻等禾，不准种莲及菜蔬，引水沤蔴及放水入河，如违罚洋二百元，充作修渠之费，另订临时办法，上下游按单双日各占水半月轮浇，以六月一日为期，期满仍照旧规，不得援以为例。

判决理由：怀德渠上下游渠道既非同时兴修，上下游用水权应用先后之分，当接开下游渠道时，该渠灌溉规约为上足下用，余水过洞，证明下游所用为余水，历年用水争讼，均判定仍照古规，不得分用。因天旱甚久，上游已浇数次，另定临时办法，以救济荒灾。依据陕西省水利通则第二条之规定及本省水利习惯荒年借水之例，判决如主文。

判决时间：民国十八年七月由建设厅委员会判处，于同年八月呈准省政府由县执行。

案例 4

争讼时间：民国二十二年三月

案由：三原县八复渠代表王虚白等为截霸卖水放水城壕，下游四里水池不得水惠，呈控来成林、门生才及余松柏等一案。

发生原因：三原县北旧有清河，原分五渠，曰毛坊、工进、源澄、下五、沐涨。下五之尾为八复游身七十余里之遥，经鲁桥而过东里。向因路远水微赋重岔少，与四渠开闭日期有别，八复开而各渠闭。民国以来鲁桥东里时有土劣，屡次截放于城壕，致下游所种水田不得水惠。二十一年秋种麦后，天旱不雨，三原东里堡附近周永秀、来成林、门生才等串通无赖余松柏屡将渠水放入东里城壕，致下游八复渠不得水灌溉。三原县八复渠代表王虚白等遂据情呈控省政府暨水利局请严究执行。

处理经过：水利局据呈并奉省令饬查后当令布渭北水利工程处派员会同三原县长，切实妥为查办。具覆去后，旋据三原县长会同渭北水利工程处委员姚文田呈称，于二十二年十月十六日传齐本案原被两造人等，详细审讯，传军字区一分乡长李芝蕙及八复渠西六诸代表刘文彬等。当水案接续发生，身为官人极应主持公道，以息争端，乃既不能双方调解，又复从中播弄，殊属非是，判令限半月内将东里堡一段渠道督修完竣后，以示薄惩。又讯得余松柏、来成林、周福田、郭寿荣、门生才等供认屡次截霸盗卖水程不讳，均属罪有应得。依照泾惠渠临时灌溉章程第十九条，应罚门生才洋十元，余各罚洋十五元，以备修渠之需。藉儆以后效尤，此判两造悉遵并取具甘结，将会审情节呈复并请销案，前来水利局当以讯结，各结尚无不合，以准销案并转呈省政府备查矣。

巴博德（1972a）在挑战弗里德曼关于水利工程建设一定会导致宗族组织产生的问题时，曾提醒我们从中产生的组织形态可能会根据水利工程的规模而定。他批评弗氏在处理该问题时忽略了大型水利工程对社会产生的影响和后果。

魏特夫对大型水利工程与专制政府的关联性进行了研究，尽管遭到来自不同个案研究的质疑，但他把大型水利工程与组织力量的大小相互联系起来考虑仍然是一个富有价值的思路。

比如，在他谈到当水利工程很复杂，协作的队伍又庞大时，特别强调了一体化的重要性，"治水超出部落范围时，往往即成为综合性的劳动。大多数作者提到治水农业的合作方面时，主要是考虑挖掘、疏浚和筑堤；而这些劳动中所需的组织工作肯定是相当艰巨的。但是，一项主要治水工程的计划者所面对着的问题要复杂得多。需要多少人？从哪里才能找到这些人？根据以前的登记，计划人员必须决定挑选的定额和标准。然后发出通知，再进行动员。集合起来的人群时常编成准军事队形进行活动。到达目的地以后,这支治水大军的列兵必须按照适当的人数,并根据惯常的操作分工(掘土、运泥等等)进行分配。如果必须取得像稻草、柴束、木材或石头等类原料,就必须组织辅助性劳动;如果必须全部或部分地给供水队供应食物和饮水,那就还必须在征用、运输和分配上想出其他办法。即使是简单的形式,农业治水操作也需要牢固的一体化行动。当它们的形式变得更为复杂时,它们就需要有广泛而复杂的组织计划工作。"(1989,第17页)

人类学家在回应魏特夫的问题时,在跨文化比较研究的基础上,对灌溉规模与管理组织的复杂程度作了相当细化的分辨。对 17 个历史与当代的个案进行比较后,Kappel(1974)认为,大约 5000 人的灌溉者需要一个地方性的组织(local assemble or council)。在 50 个个案中,Uphoff(1986)发现,大约 100 英亩(40 公顷)或稍少的灌溉范围倾向于由整个灌溉者群体来管理,当灌溉范围在 100 到 1000 英亩时就通常需要一个中心行政官员来管理,由灌溉者选举或由国家指定。当灌溉范围大约在 1000 到 10000 英亩通常需要有三个层次的管理组织。Hunt(1988)对 15 个工业化和发展中国家的水利系统进行比较后,认为在 700 到 30000 公顷灌溉范围,灌溉系统的规模与权威结构没有绝对的关系。但他指出当灌溉系统超出 100公顷时,极有可能要由一个高度统一的权威机构来管理。Tang(1992)对 47 个个案进行比较后也认为,100 公顷(或 250 英亩)对社区管理系统来说同样是一个上限。 (参见 Mabry,1996:1—30)

关中的大型水利工程从郑国渠到泾惠渠,其灌溉面积据记载，郑国渠为 115 万亩，白渠为 30 余万亩，郑白渠鼎盛时期为 1 万多顷，丰利渠据估计为 80 万—90 万亩，王御史渠稍低于唐宋时期，广惠渠后期为 755 顷 50 亩，龙洞渠为 7 万亩左右，泾惠渠在 1949 年的灌溉面积为 70 万亩左右。(《泾惠渠志》编写组，1991：41—119) 显然，这么大的工程力量弱小的组织是没法完成的。事实上，中国自古以来在中央和地方的各级政府里都设有专门的水利管理机构和官职。战国时期管仲提出了水行政部门职能的概念以及置官设署的构想。秦汉以来，水行政管理机构和职能随国家官制逐步完善而职权和事权逐渐分离；至隋唐建立起了与现代基本类似的中央和地方的水行政管理体系构架。水行政组织体系之外，独立的稽查系统始终行使着对水利工程建设和管理的稽查功能。(谭徐明，2007) 建设大型水利工程对一体化的需要，在杨虎城主陕时修建泾惠渠甚至还动用了军队参与其中。

在大型水利系统中，对水利纠纷的处理政府的权威也是不可或缺的。巴博德 (1972b) 在台湾的水利社会中发现，当水利设施还局限在村落一级时，对纠纷的处理主要靠面对面的关系来化解，而当众多的小水利工程被整合为一个大水利系统后，对这些纠纷的处理面对面的关系就无能为力了，而需要一个更高一级的组织来化解或裁决。

大型水利工程一般都是跨村甚至跨县的，除了个人之间发生的纠纷外，更多的是渠与渠、村与村、县与县之间的纠纷。从上文所列举的水利纠纷来看，许多纠纷是先呈送县政府解决，县政府无力解决再上诉到省水利局。自唐代开始，引泾渠的三限、彭城二闸每至分水之时，泾阳、高陵、三原等县的主

官和渠司主管都要到场监督。各县、各渠之间发生的水权纠纷，必须由县、府、省的有关官员出面调解或裁决。（萧正洪，1999）

第四章　水利与民间组织

关中水利系统一如前文所言，除了"官渠"外还有"民渠"。这些大大小小的民渠一般是由用水村民自行修建和管理。在"官渠"系统中，其基层管理在某些时候也依赖了民间组织的力量，甚至一些建设经费还是由慈善组织捐助的。在形形色色的民间组织中，除了因水利建设和管理而产生的地缘性联合组织外，其他在当地已存在的组织社团有的也被卷入进来了，比如娱乐组织和宗教组织。在水利纠纷中我们也能看见纠纷两造是以什么样的形式被组织起来的。考察这些民间组织在水利场域中的活动，对我们理解中国地方乡村社会的结构和运转是十分有益的。

在我田野调查的时间里，造访了不少熟知过去水利情形的耆老，在他们的回忆中总是有一个人被反复提到。被他们提到的人叫王虚白，说他在任"清浊河水利协会"会长时如何如何铁面无私、敢作敢为、不畏强人。关于王虚白的生平，老人们大概因时间的久远而没有提供更多的细节。我查阅了一些文献资料，发现了不多的简要记载。在《三原水利志》（1997）第181页有王虚白的一小段介绍和他的一幅正面照。

位于三原县的泾惠渠、清惠渠分水处

"王虚白，字镇，号铁面，生于清同治七年（1868），三原大程乡荆中村人。民国二十年移居鲁桥镇，二十五年移居三原城内山西街。

王虚白青年时期在淳化为警，四十岁左右，由于反对满清帝制向往共和，毅然在富平致力于国民教育十多年。任教期间热情支持学生运动，深受学生拥护。

民国时期的"渠绅"王虚白

先生秉性刚直，无私无畏，善为公益，热爱水利事业。民国二十二年（1933），被地方群众推为'三原清浊河水利协会'会长至解放。执水期间，尽职尽责，曾修订《陕西省清浊河水利章程》，制定水规；主持改善八复水灌区；三筑楼底围堤。因水涉讼曾遭暗杀，后经解救，头部带刀伤而归，仍坚持水利工作。年近八旬时，仍扶杖去鲁桥办理水事，他生前整理的大量治水资料，可惜在'文革'中付之一炬。在职期间备受当时陕西省水利局局长李仪祉的支持和爱护。1953年逝世于三原。"

另有文献透露出他"少年膂力过人，习武艺……"（白尔恒等，2003：142）在上文列举的水利纠纷个案4中，也提到了王虚白，当时他还是八复渠的渠长。面对地方上的强人截水霸水，王虚白表现出来的刚毅性格应该是不虚的事实。在他留

下的照片上，我们也可以看出其干练无畏的神态。王虚白这类
民间水利头领一般被称作"渠绅"。关中的民间水利事业主要
就是由这些渠绅们组织和领导的。

一　民渠及地缘性联合组织

关中地区的水利网络在被整合为较大一级的水利系统（如
"清浊河水利协会"）前，存在许多相对较小的水利工程。这种
小水利工程涉及的灌溉范围狭窄，民间色彩也更浓厚。民国十
九年左右水利机构曾对这些小水利工程作过调查，在其他文献
中几乎就没有什么记载。

关中民间小水利工程其组织运作和管理方法，因资料阙
如，其细节不能得其详。不过邻省山西洪洞县清朝民间水利管
理和组织运转的细节性资料[1]，对我们认识这个问题可以起到
一些辅助性作用。

1. 参加渠灌活动人员的组织安排

遵照渠册规定，于每条渠道上设立渠长，具体操办河渠公
务，下设水甲（关中称小甲）若干名，协助渠长工作。渠长和
水甲皆由民选，按年轮换，属于一种差役。在普润渠上，各村
夫头（有水田的农户代表，也由公选）人等限二月初一日俱至
某村某庙聚集，公举有德行之长为渠长，总管夫役，每年轮流

---

[1]　关于山西洪洞县水利情况的资料来源于李三谋、李震（2003）。向作者谨
表谢意。

更替。每村仍举甲头（沟头）二人，巡水三人，分管该村渠事。一般渠上的组织机构有两个层次，渠长和水甲。由于各渠的事务繁简不同，各渠的渠长和水甲的人数也有差异（关中水渠也同样如此）。选举渠长和水甲的时间一般在正月初至二月初，而各渠还有特别的固定时日。渠长、水甲有候选人，候选人称"夫头"。先由百姓选出，然后再由夫头集会，选出渠长和水甲。另外，还有跨县的民间选举活动。如通利渠浇灌赵城、洪洞、临汾共十八个村的土地，选举渠长也在这三县十八村内进行，官府不干涉，共选一名"督渠长"（总渠长），再分别由三县各自选出一名分渠长。各渠的渠长统筹渠务，预先布置水利活动，应用物料要制备齐全，及时召集水甲及夫头集议渠事，安排河道、渠堰工程。水甲时常巡查渠道，看守渠堤工程，并巡查情况汇报渠长。

　　每年开春，土地解冻时，渠长要通过水甲或沟头组织水户（有水田的农户）挑浚河渠。人员和时间规定很严密，如"每夫（几亩或十几亩定为一夫）每日拨夫二名，限十日内掏完。"小霍渠"母渠共五百五十八杆，由上水石凭至下水石凭为则，每年惊蛰节后，渠长择日破土后，即鸣锣起夫掏渠，因渠有高下、宽仄，难易不同，各社依照旧规分定，各掏各渠。自上而下，东社夫十九名，掏渠五十二杆，北社夫十五名，掏渠五十六杆，堰北沟夫三十名，掏渠八十二杆，苗夫沟夫六名，掏渠五十二杆……掏渠工竣，渠长择日传各夫兴工堵堰治水，引水入渠，挨次灌溉，不得有误，如此而已，有误科罚。"

　　另外，不但存在分段包工的标准，而且每条渠道还定有不同施工标准，掏渠有多深多宽，坡度多大，都有详细规定。某年某时，某段渠道的挑挖者是谁都要登记在册。由此造成的渠道事故，渠长要重罚承办人和未及时申报情况的水甲。

开新渠或修补坏渠时，也要由渠长组织民力进行。遇有"田雨冲破渠堰，令道觉村沟头及时申复渠长，会集众夫开渠修理坚实，如过时分不行申复，罚白米一石，如夫一名不到，罚白米三斗。"如果责任在渠长或分渠长一方，除了通过县衙处罚渠长外，还要进行临时特殊选举，更换渠长。

渠长还要督促各村完纳水地税粮，代替乡地保甲行事。差使沟头巡查灌田水程，防止盗水、越界、重浇等事。监视封闭的渠口不能擅自打开，在用水之时分班轮视。在用水紧张时，干脆令沟头不分昼夜，坐地固守。有失者，照例"罚米一石"。

沟头、水甲除了在一般情况下协助渠长工作，听命渠长的安排外，在特殊情况下，可越过渠长，直接听命于县衙。"县下有诸般文引，四季鼎立支持，官府紧急日期，拘集各村沟头，火讫前来，如有一名不到，照依渠例科罚白米二石"。各渠长所属之沟头既有统一听命于渠长的一面，又有独立于渠长之外一面。

渠长及沟头拨派夫役，组织农户进行渠务活动，是依据"夫簿"分配劳力的。"夫簿"是按渠册所载条款订立的。各渠先编夫立册，然后再派役兴工。编夫的办法是按土地（水地）的数额来折算。受益多则付出人力也多，反之亦然。若田主将土地卖给了别人，就将原来所负河渠差役取消，并将买田者新收入册，继当夫役。如有卖一半田者，过割夫役也为一半。

穿越三原县鲁桥镇的清惠渠主干渠

2. 渠款筹集

无论开渠还是筑堤打堰，所需经费皆由渠长自筹。民间河渠遇有特大工程，才能动用国库之款。通常情况下，俱为用水农户集资自兴。有时农民自行组织，有时官府劝谕发起或督率组织。各渠所在村庄，除了均出夫役外，渠道所需和备用工程物料、雇募用款，一列在村民中摊派。河渠堤坝经费，除了按亩均摊外，有时一些官吏、绅士也捐献钱物。

河渠所有各项经费如购置渠用物料款、祭神款，皆由沟头征收，农户随时应付，一年数次。只有渠长帮贴或津贴款，由部分农户包纳，完此款后，既免各费又免夫役。此款既属渠租渠费，又有代役钱的性质。此款的一部分用于河渠开支，另一部分归渠长个人，由渠长自己掌管，渠长用此款办完公事后，余数归己。

经费的筹集一般是连续性的，没有统一储存阶段。通常是征来款后，即刻交给支款人一次领支，即现征现支。并且是甲征甲支，乙征乙支，没有对应的连接环节，即沟头征沟头支，只有在个别的大渠上，才由沟头征款，渠长掌握支款。各渠经费一般由沟头兼理，有时渠长兼理，大体上没有专职财务人员。

3. 使水规定

各渠所属村庄之各段水田浇灌时，一般皆要轮使牌照，称为水牌。使水时将水牌立于界区，无牌不能浇。如丽泽渠规定"本渠上起置木牌一面，长二尺，厚二寸，阔一尺。木印一颗，长八寸，厚五寸。渠水流到时刻，并行水牌、水印、水历，预先交付。"有的渠道是用"沟棍"代替水牌，性质相同。（李三谋、李震，2003）

关中民间小水利的组织情形其记载虽有不完备的地方，但我们通过对山西洪洞县水利社会的考察，也能大概洞悉其中的运作机制。而关中一些规模稍大一点的民间水利工程留下来的详细资料，足够我们对该问题作进一步的深入探讨。下面是清

横贯田间的支渠

浊河水利系统的例子。

在关中的水利网络中，有的已运行了上百年的时间。小范围的灌溉渠道通过民间的习惯法和面对面关系的协调，秩序井然，毫不紊乱。但一些跨村跨县的渠道由于涉及的范围广，协调的难度大，面对面的关系就难以发挥作用。同时由于战乱和灾害造成的社会影响，有的民间组织已瘫痪，失去了影响力，水利纠纷层出不穷。民国年间，已有人察觉到这些弊病，而力陈建立一个统合的水利组织来保障河渠灌溉的正常运行。一位人士在列举了陕西发生的水利纠纷案件后，指出：

> 综观上述水利诉讼案，在此二十年内，有案可稽者，共四十一次。起发生于第一次旱荒期间，自民国十年至十二年者，共十六次，占全数百分之三十九，发生于第二次旱荒期间，实为旱后余波尔。知农田水利纠纷事件，因旱而起者，占百分之八十以上，所以致此者，由于旧有渠堰，无适当健全强而有力之组织为之经营管理，引水用水规约，各自为政，未经政府明文公布，为之保障，演成人民对于水利，潦则放弃，旱则争夺之习惯。目前不能从事其他有效防治旱荒之设施，应即努力现有之组织——水利协会——使之健全有力，足以管理自卫……（张光廷，1936）

该人士提到的"水利协会"是 1935 年前后在省水利局指导下成立的民间水利组织。1933 年根据李仪祉的精神和倡议，省水利局颁布了《陕西省水利协会组织大纲》（白尔恒等，2003：135—137），其内容如下：

第一条　凡组织水利协会，除法令另有规定外，悉依本大纲办理。

第二条　引用同一水源，其利害互有关联者，应组织水利协会。不得因区域或水利事业性质之不同，各别组织。其有许多堰渠，或无堰而分出洞口以通支渠者，得各别组织分会。

第三条 旧有之水利事业，其协会由省水利局令饬该管县政府指导人民，依本大纲组织之，如关及区域涉及两县以上者，由省水利局令饬该管县政府会同办理。

第四条 新成之水利事业，无协会可隶属者，得由关系人连名呈请该管县政府指导组织协会。

第五条 协会成立时，应将左列事项，妥为议定，呈报该管县政府，转呈省水利局备案。

一、协会与分会名称及办公所在地；

二、协会与分会之堰渠等工程建筑物，及其关系区域平面图；

三、协会及分会关系区域内之土地户口表册，及事业之种类、数量；

四、协会及分会会员总数，及职员名册；

五、协会及分会章程，及管理养护用水等规约。

第六条 协会及分会会员，以户为单位。

第七条 协会设会长一人，由会员代表大会记名投票选举，呈请省水利局加委。设事务员二人至四人襄助会长，办理会务，由会长就会员中选任。

第八条 分会设会长一人（得依习惯称堰长、渠董或水老），由会员代表大会记名投票选举，报告协会，转报该管县政府加委，并转呈省水利局备案。

第九条 协会及分会长任期一年，连选连任。

第十条 协会及分会长当选之资格如左

一、年高有德，在该会区域内有相当之土地，以农为业者；

二、熟悉当地水利情形者；

三、非现任官吏暨军人；

四、未受褫夺公权之处分者。

第十一条 协会及分会长之任务如左

一、召集全体会员或代表大会，并执行决议案；

二、评处各分会或会员间之纠纷；

三、监督各分会长或会员履行职务；

四、指挥各分会或会员对于各项工程之养护及修理。

第十二条 协会及分会每年开会员代表大会一次，并得临时召集代表或会员大会。

第十三条 协会及分会代表大会，会议职权如左

一、选举会长及分会长，及出席代表；

二、审核预算、决算及工程费；

三、各项工程物岁修或新修之计划；

四、各项工程物所需物品、力役、及费用之分担。

第十四条 协会及分会之经费，由受益户比例分担。

第十五条 协会及分会长事务员，均为义务职。但经会员代表大会议决给予酬劳，不在此限。

第十六条 协会经费，每年以三十六元为限。分会每年以十八元为限。

第十七条 协会及分会，每年预算、决算及工程费，须造表，呈请县政府核转省水利局备案并公布之。

第十八条 各分会或会员之间之水利纠纷，不服会长或分会长之评处时，得呈诉该管县政府处分。不服县政府处分，得提起诉愿于省水利局。会员相互间之个人权益争执，仍应向司法机关依法起诉。

第十九条 协会及分会，受省水利局及该管县政府之指挥及监督。省水利局有解散协会及分会、饬令改选之权。

第二十条 本大纲自省政府委员会议决公布之日起施行。如有未尽事宜，得随时修正之。

清惠渠基层管理站

在省水利局的指导下，全省陆续成立了各自区域的"水利协会"和分会以及堤防协会。据民国二十九年的统计这些协会有：(《陕西水利季报》第5卷第3、4期合刊，1930)

名称	会址	成立时间（民国）	组织	会长	灌溉亩数
石川河协会	富平县庄里镇	24年3月	总会1个分会24个	胡碧如	10000
温泉河协会	富平县南街	24年3月	总会1个分会10个	杨介石	5000
浊峪河协会	三原县三西街	24年3月	总会1个分会4个	王虚白	20000
清峪河协会	三原县三西街	24年3月	总会1个分会5个	王虚白	65000
冶峪河协会	泾阳县	24年4月	总会1个分会11个	何悌	60000
沮河协会	耀县城内南街	25年8月	总会1个分会10个	张光域	10000
漆河协会	耀县城内南街	25年8月	总会1个分会6个	张光域	5000
太平河协会	鄠县城内图书馆	25年10月	总会1个分会8个	郑向离	12000
涝河协会	鄠县城内图书馆	25年10月	总会1个分会4个	何琪	15000
让泉河协会	盩厔县黑河湾村	25年10月	总会1个分会3个	路连	5000
黑河泉协会	盩厔县纪家村	25年10月	总会1个分会3个	张克仁	1400
田峪河协会	盩厔县豆村	25年10月	总会1个分会3个	赵持廉	5000
景峪河协会	盩厔县南集贤村	25年10月	总会1个分会3个	李文华	1000
沣河协会	长安县五权联灵感寺	25年11月	总会1个分会3个	张俊德	4600
高冠河协会	长安县五权联灵感寺	25年11月	总会1个分会3个	何汇川	700
零河协会	临潼县史家村小学	26年4月	总会1个分会2个	史乐天	未详
灞河协会	蓝田县建设局旧址	26年6月	总会1个分会14个	王子靖	15789

名称	会址	成立时间（民国）	组织	会长	灌溉亩数
搞河协会	长安县王曲街	26 年 6 月	总会 1 个分会 6 个	姚冀轩	4000
太峪河协会	长安县新街村	26 年 6 月	总会 1 个分会 3 个	傅新兰	未详
潏河协会	长安县杜曲街	26 年 6 月	总会 1 个分会 8 个	邢成勋	2000
广仁渠协会	长安县胡家河	27 年 1 月	总会 1 个分会零个	胡蕴草	未详
南沙河协会	城固县上元观镇	24 年 6 月	总会 1 个分会 13 个	余敬堂	20000
法西河协会	西乡县南区	24 年 10 月	总会 1 个分会 4 个	周水星	3000
恒河协会	安康档王庙	27 年 2 月	总会 1 个分会 3 个	陈济川	15100
文川河协会	城固县	27 年 2 月	总会 1 个分会零个	张敬甫	未详

另外，作为"官渠"的泾惠渠其基层管理也依赖了民间组织的力量，并于民国二十四年三月成立了"水老会"，总会长由石川河水利协会会长胡碧如兼任。"水老"的任职资格按规定必须是年高有德者、私德完全不嗜烟赌者以及未受刑事处分者。"水老"的下面每斗还设"斗夫"一名，每村设"渠保"一名。水老的职权主要有：一是造具该斗内注册的地亩清册二分；二是出席水老会议；三是监督该斗斗夫、渠保履行职务；四是调解该斗内的用水纠纷；五是查报该斗内灌溉地亩注册，及用水权转移事宜；六是催纳该斗内的水捐。斗夫的任务，主要是保护及开闭斗门。渠保的任务是，随时补修被冲坏的渠堤渠身，挑挖渠内的淤泥，如遇工程浩大，村民不能胜任的，要立即报告斗夫和水老，监督村民按章轮流用水。水老、斗夫和

渠保每年的津贴，由该斗内受益地按亩均摊供给。（《陕西水利月报》第 3 卷第 5 期，1935）

这些水老、会长、斗夫和渠保的具体身份已不可考，他们被公举出来，除了章程中所规定的任职资格外，我想还另有一些个人魅力所在。从清浊河协会会长王虚白的身上，我们不难体会到这些"渠绅"们在没有多大利益的吸引下，能够站出来热心水利公务，是其公益心使然。不独如此，他们应该还有勇猛顽强的坚毅性格，就像王虚白一样。而恰恰是这一点，可能是他们被推举出来的一个很重要的因素。

这样的性格是水利社会所需要的。每当用水紧缺时，水利纠纷就会呈上升趋势，冲突械斗也是不可避免的。其惨厉程度，在我访问师老先生时，他说打死人是常有的事，尽管当时已成立了水利局和协会这些高级组织。当时清浊河水利协会另一位会长刘屏山在《清峪河各渠记事·源澄渠记》（白尔恒等，2003：62）中描述此类纠纷时说：

> 上游夹河川道私渠横开，自杨家河起，至杨杜村止，二十余里之沿河两岸，计私渠不下十余道。倘遇天旱，垒石封堰，涓滴不便下流，致下流四大堰，纳水粮种旱地，虽有水利，与无水利等也。所以下游四大堰利夫，纠众结群，遂不惜相率成对，动辄数百，抱堰决水。各私渠以形势所在，鸣钟聚众，一呼百应，各种器械，血战肉搏，奋勇前斗，以与下游四大堰利夫争水。于是豪夺强截之风，于焉大张矣。

郝瑞（Stevan Harrell）在讨论中国社会中"反文化"的暴力行为时，分辨了两种类型的暴力行为，一是"垂直型"的暴力，这类暴力主要表现在一个支配性的群体通过暴力来制止一个下级群体试图改变这种等级格局，或者一个下级群体通过暴力来改变这种等级格局；二是"水平型"的暴力，这类暴力主要表现在两个群体之间为了经济资源或政治权力的平等而导致的暴力冲突。（参见 Lipman Jonathan N. & Stevan Harrell，1990：1—24）关中水利社会中发生的用水暴力更多的是"水平型"的。除了个人之间的冲突外，一般多发生在村与村、上游与下游、渠与渠之间。谢继昌在台湾的水利社会中还发现为了应对经常性的用水纠纷，在蓝城村很早就出现了"武馆"。但当轮灌制度被严密执行后，武馆也慢慢地衰微了。（谢继昌，1973：57—77）而沈艾娣（Henrietta Harrison）对山西水利系统的研究发现，在宗教仪式和民间传说中，对在用水纠纷中所使用的暴力行为往往推崇备至，在地方水利社会中这被视为当然的道德行为。（沈艾娣，2003：153—165）

在水利社会中由于存在潜在或显现出来的暴力因素，"渠绅"们可能会因此遭遇到意想不到的个人伤害。比如，王虚白在办理渠务时，因得罪了地方豪强势力，曾两次遭遇暗算。1940 年于楼底村附近遭枪击；1943 年于鲁桥镇突然被数十名持枪歹徒绑架，幸有人报警，方被解救。（白尔恒，2003：142）水利社会在追求平等公正的原则下（参见 Boelens R. & Gloria Dávila，1998），武力也是一种被赞扬的美德。

"清浊河水利协会"是由原来的"清峪河水利协会"和

位于三原县鲁桥镇的 "清惠渠管理局"

"浊峪河水利协会"合并而成的，会长都是王虚白。"浊峪河水
利协会"第一分会设在三原县大程镇，成立时间为民国二十四
年三月，分会长庞芳洲，管理的渠道是八复渠十二堵；第二分
会设在三原县康马中堡，成立时间与上同，分会长王希天，管
理的渠道是通玄下、通玄上、翟家、通玄、苜蓿等堵及翟家
堰；第三分会设在三原县西阳镇，成立时间同上，分会长惠光
华，管理的渠道是小穆王、大穆王、荐福、蔡家邢等堵；第四
分会设在三原县楼底镇，成立时间同上，分会长周秉忠，管理
的渠道是白渠堵、马排下中上、长孙、小毛等六堵堰。"清峪
河水利协会"第一分会设在三原县大程镇，成立时间同上，分
会长庞芳洲，管理渠道是八复渠十二堵；第二分会设在三原县
鲁桥镇，成立时间同上，分会长孙玉俊，管理的渠道是五渠、

张务常三堵；第三分会设在三原县仙茅庵，成立时间同上，分会长孙毓芬，管理的渠道是沐涨渠；第四分会设在三原县龙泉寺，成立时间同上，分会长毛吉甫，管理的渠道是源澄渠；第五分会设在三原县鲁桥镇，成立时间同上，分会长赵金福，管理的渠道是工进渠。（《陕西省水利季报》第5卷第3、4期合刊，附录，1930）

这些协会组织成立后，加大了治水力度。"清峪河水利协会"会长王虚白就于民国二十五年三月颁布了《受水条规》。其主要内容有：（1）各渠每月除八复渠由二十九日戌时起至下月初八日亥尽止受全河水量外，其余毛坊、工进、源澄、下五、沐涨等五渠同时各开渠口，受水灌溉。（2）各渠于每月初九日由协会会长随带政警三名，会同各分会会长各带利夫二名，亲临各堰监开笼口，以各渠灌溉地亩多少，按照旧规宽度，公议深度，开放笼口，分给水量。各堰笼口不准堆垒石块，如水有倒岸情形时，得由会长及分会长监视笼口填石高度，以上下水量均平为准。（3）每月各渠同时受水期内，由会长派政警四名，日夜在堰笼口处梭巡看守，如有在笼口偷填石块，或偷挖笼口，立即报告会长或分会长，不得延迟隐匿，违者重罚。（4）各渠利夫巡水，由二人至四人为限，以巡视渠岸为止，若窃至笼口，即以偷水论。（5）会长及各分会长，于每月初九日齐集鲁桥镇，共同上堰亲验笼口是否合宜，各渠水量是否平允，以息争端。（6）会长及分会长，于每月初九日不亲往监开笼口者，罚洋五元；政警看堰违离者，由协会送县寄押；利夫私自上堰者，罚洋五十元；在笼口填石挖槽者，罚洋一百元。（7）会长及分会长于每月

分水，得各支旅费五角；政警看堰每日各发口食费四角；利
夫口食自备。上项费用，由受水利户分担。（8）会长及各分
会长，每月各渠同时受水期内，须随时亲赴笼口抽查一次。
如须更改笼口，报由会长召集各分会长，紧急集堰会议。（白
尔恒等，2003：146—147）

当地村民集体打捞水渠中的杂物

在具体灌溉田亩时，一般是按地亩多少点香计时。巴博德
在台湾的水利社会中也发现了这种计时的方法（Pasternak，

1972b)。觉悟道人（刘屏山的号）在民国初年曾对这种计时方法作了详细的描述，他在《清峪河渠点香记时说》（白尔恒等，2003：130—132）中写道：

古无钟表，惟有铜壶滴漏以记时辰。究系兽物，不便挪移，因不适宜随带，故有用香记时之事。额定一个时候，香长一尺，一尺又分为十寸，一寸又为一刻，故十刻，即为一个时候，香长一尺也。一刻又分为十分，一分又分为十厘，一厘又分为十毫，一毫又分为十丝，十丝又分为十忽，一忽又分为十微也。中国旧制，一时分为八刻。今各渠点香记时，将一个时候，该分为十刻，不遵旧规者，原为记时之便也。

是以各渠均有地亩多寡之不同，而点香记时，亦有长短尺寸之异。所浇地亩，点香长短，各渠虽有不同，而额定香长一尺，为一个时候，均相同也。

故源澄渠，额一尺香，为一个时候，浇地五十亩，每亩额定香长二分。工进渠每一尺香，为一个时候，额浇地三十三亩三分零，则点香额亩，当不只如源橙渠之每亩二分香也。故工进每亩比较源澄，则一亩多浇香一分有零……而沐涨渠点香，亦额定香长一尺为一个时候。按亩记点，约一尺香浇地五十亩有零，可与源澄相等。余各渠，浇地点香，地亩多寡，点香长短，虽有异同悬殊之处，总之额定香长，为一个时候，各河渠莫不皆然也。

近代钟表发明，虽有钟表记时，而各河渠浇地，仍按旧规。

……

田间的临时蓄水池

　　确实，正如刘屏山所说，钟表最终取代了传统的点香计时。我在田野调查中一次巧遇了农民在田间浇地时用表计时的情形。一个上午，我在鲁桥镇边上的农地里采访，地里种的都是蔬菜。农民们告诉我一般蔬菜用水要比庄稼多，有时一天要浇几次水。当时有四户农民在浇地，水从井中抽出，然后通过田间小渠，输送到四周的地里。农民们施肥时就把肥料撒在水渠里，经过水的溶解后，很均匀地顺水就流到自家地里了。他们用的是一块很简单的电子表。先由村里管水的人把时间调好，然后交给第一家先浇的人。该农民把水渠在自家地的位置处挖一个缺口，再把水渠堵上，这样水就不会往下流。水渠改道后，水就流到自家地里。男人负责水渠的改道浇地，女人就负责往水渠里撒肥料。第一家浇完后，就把表交给下一家，同时把自家地埂上的通水缺口堵上，再把先前被堵住的水渠疏通。这些事情做完后，就在一张香烟纸壳上记下自己用水的时间。等所有的农民浇地结束后，就把记录时间的那张香烟纸壳和电子表交给村里管水的人，在某个时间一起结账。我抄录了那张记录时间的纸壳，内容如下：

　　4月7日上午7：01开　　　　　2台泵

　　7：01—7：55

　　三　民　7：55—8：10

　　李克思　8：10—11：40

　　伍二民　11：40—11：59

　　邓老二　11：59—

　　民间这种用水的组织和管理在现代虽然形式上有了一些变化，但其实质与传统的惯例依然保持着联系，文化之脉在基层社会的底层仍然顽强地延续着。乡村社会秩序的维持面对面的关系和制度惯例仍是一个不可或缺的强大力量。

二　宗教组织的卷入

　　关中水利社会中宗教组织的卷入，无疑与庙宇拥有庙产

农妇往水渠中撒化肥

（土地）有关系，前面我们提到的《刘氏家藏高门通渠水册》中，就记有文昌阁、玄帝堂和白衣堂等宗教场所的地亩数及受水行程。（白尔恒，2003：44—47）在三原县土改中被没收的庙宇土地有2049亩。（《三原县志》编写组，2000：238）这些庙宇所拥有的土地一般称作"香火地"。（白尔恒等，2003：154）

庙会期间作者在耀县药王庙

另一位地方人士记录的水利文书《源澄渠各所浇村堡行程定例》（白尔恒等，2003：86—88）中对该渠浇灌的土地涉及庙地的情况有比较详细的描述：

> ……
>
> 　　再上则曰福严寺斗，系东西两堡浇灌之，在福严寺前，东西一坑。再上则曰董维康斗，浇三郎庙东西，并庙前地……
>
> 　　再上则曰西门斗，即龙泉寺前，予下坑渠是也……

　　再上毛家斗，地头渠俱连老渠，也无行程，毛家堵即管村斗是也。再上则曰山社斗，在卫公祠东（卫公祠俗言药师庙也），土地堂东门首（土地堂即冯家村南，大路北之土地庙也，在药师庙东）故名曰山社……

　　……由子刘村西南流，走老利渠，东西拐角子，至三圣庙西地，又三圣庙东，有辛家渠……后予堡将卫公祠东西置通，水遂在卫公庙东杨八渠放下……土地堂西，冯家地隔在上节……

　　……

　　再上成家、观音堂，时刻有限，虽有观音堵，亦无行程……

　　惟西岳庙前有朱砂斗，乃东渠起水之斗……

　　……

　　事实上，宗教组织在北方十分活跃且行使着多种社会功能。其中以庙会的活动最为突出。庙会或称香会，或称庙市。在北方地区庙会最盛的地方首先是该庙之神最受崇拜、香火最盛的地方，比如城隍庙、土地庙、关帝庙、东岳庙、娘娘庙、药王庙等。庙会首要的功能是文化娱乐功能。演戏是一个普遍的节目，许多庙宇在正殿的对面，往往要修造一个亭阁式的戏台，这从建筑景观上可体现出庙会乃至寺庙本身所具有的文娱特征。（赵世瑜，2002：191—193）如三原城隍庙内就有戏楼，南北长 15.7 米，东西阔 17 米，面积为 180.6 平方米，正月十五都有会戏。（《三原县志》编写组，2000：949）庙会另一个重要的社会功能是为商业贸易提供了一个机会和场所。甚至在社会发生变动、庙拆神倒之后，在原寺庙所在地仍保留着作为定期贸易集市的庙会。清人柴桑说"交易于市者，南方谓之趁墟，北方谓之赶集，又谓之赶会，京师则谓之赶庙"。（赵世瑜，2002：198—199）

在我的田野点三原县，附近周围最大的庙会活动是耀县"二月二"的药王会。该庙宇坐落在药王山上，主神为孙思邈。从明代开始，就出现了大规模的赶会活动。民国延续清制，会期药王大殿香烟缭绕，钟磬喧天，烛光闪烁，供品堆积。各地群众，扶老携幼，骡马成伍。从"一天门"登上殿内，拜谒药王。通元桥和附近大路两侧，商贩众集，摊棚林立。广场上耍马戏杂技，戏楼上唱秦腔大戏。初二正会这天，除上山烧香外，妇女还要带上孩子请药王"带锁"或"换锁"。从初六开始，直至最后一天唱"天明戏"，达到庙会的高潮。（张世英，1994：153—158）现在耀县药王庙会已恢复了好几年。我在调查期间，正赶上庙会活动，与其他两位同学一起去感受了北方庙会的盛大场面。

在清峪河水利系统中一共有五条较大的水渠：源澄、工进、沐涨、毛坊和下五。其中宗教组织曾卷入到了沐涨渠中。沐涨渠据刘屏山《清峪河各渠记事簿·沐涨渠始末记》（白尔恒等，2003：134—135）考证，在唐时就已出现。

尝考马岭田《通志》、《陕西省志》、《西安府志》、《泾阳县志》、《三原县志》，始知沐涨渠即古五丈渠也。五丈渠，即靖川也，靖川，即唐李卫公屯军处，又为其故里也。其渠堰始开杜村西边西李村北，即以靖川之河为渠，渠名五丈。所灌之田，即河南孟店镇四周屯军之地。后因渠高河低，将堰上移。然河流日下，叠移不休，且用木橛截河作堰，涨水入渠。因"五丈"字音与木涨相近，故以木涨代五丈也，兼取以木涨水之义，使人顾名思义也……至此以后，木涨渠之工增加一百以上。又名木涨为"沐涨"，即为沐恩于涨水也……故沐涨为最下一堰，终年用水艰难，因上有下五渠、工进渠、源澄渠、毛坊渠，此四渠以上水，河水微细，不涨大水，则沐涨渠无水可用。此沐涨渠所由名也……

这段文字除考证了沐涨渠的历史和名称的由来外，更让我们注意的是提到了沐涨渠在五条渠中处于最下游。而下游会在水源紧张时处于不利的地位。

如前所述，在民国时期清峪河水利协会成立时，同时也成立了五个分会，其中第三分会（管理的是沐涨渠）设在三原县的仙茅（有时又写作猫）庵，该庙在鲁桥镇附近的孟店村，庙里有一个和尚叫来心印，老百姓通常叫他来和尚。"仙猫庵有水地二十亩，果子树一园。"（白尔恒等，2003：102）想来和尚也是热心水利公务的出家人，要不然分会的办公点也不会设在他所在的庙宇里。的确，来和尚曾是沐涨渠的代表之一，参与了不少水利公务和主持渠事。

民国十三年，刘屏山奉令调查清峪河各渠水程，以及每渠所浇地亩数、受水时刻和旧规古例。当时只有工进、源澄二渠有水册，而源澄又有碑记，另外还有岳翰平（当地一位对水利热心的人士）撰写的始末考一册。五渠找不出一个头目来，所需资料无从考查。沐涨渠也是水册、旧牍碑记全无，刘只能访问故旧长老，然后由来心印和尚在旁监督，书写了一册有关沐涨渠的水事文书。（白尔恒等，2003：100）

作者与水利基层管理员"斗长"在斗门前

水册在关中水利管理中起着相当重要的作用。唐、宋、元时期关中对水利的管理实行的是"申帖制"。所谓"申帖制"，是指用水申报，官给帖文的制度。由于"申帖制"具有许多弊病，到了明清时期，慢慢改用了"水册制"，一直到民国，水册仍然在水利管理中发挥作用。（萧正洪，1999）

刘屏山最后书写的关于沐涨渠的水册内容如下：（白尔恒，2003：100—102）

　　沐涨渠代表李义龙、来心印等，为奉令呈覆事：缘沐涨渠代表接奉钧令内开：现拟汇集各渠堵水册，督饬员绅，重订补修，有水册者，由各该代表渠长另缮一本，送署；如失没水册者，须由该代表渠长呈覆向规各等因。窃查鄐渠沐涨渠，系清河最下之堰，上有毛坊、次有工进、继有源澄、复有下五，每月除八复水外，鄐渠之水，较上各渠，倍觉艰难。是以前清刘抚帅断令每年九月，令上各渠，概行闭堵，准一律掏渠修堰。惟鄐渠受全河之水，以体恤下堰而均苦乐。迨民国十年，有端毅公苗裔王绅恩德，持前清《三原县志》载明八浮每月初一日至初八日，截全河水而东之，水既畅旺，不无溢满之处，沐涨紧接其下游，准沐涨王端毅公暨梁中书希赟以及各有功于渠堰之家，准其灌溉。前经呈请立案，已蒙晓谕宣布在案，至向例每月八复水初八日亥时止，各渠均由初九日子时起，均分受水，某日某时某村起止，灌地若干，列后呈核，以备查考。

......

沿路行程浇至三十日日出为止，代表呈覆全渠二十六村，共浇地一百零八顷（来心印即来和尚也），仙猫庵（即沐涨渠分水公所）向例每年二九二月，无论何村之水，该庵浇地一亩，该庙有水地二十亩，果子数一园......

另一件与来心印有关的水事发生在民国十八年。该年农历六月，关中大旱，清峪河水日趋减少。每当旱时，各渠为水的纠纷就比平日增加许多。按照旧例，源澄、工进、沐涨和下五四渠是公分清峪河水。但在水量少时，如公分的话，下游渠堰就会吃亏许多。鉴于这种情况，沐涨和下五两渠要求打破常规，每渠都用全河水，但源澄和工进两渠为了能多用些水，坚持要按旧例行事。来心印作为沐涨渠的代表据理力争，最后终于让源澄和工进两渠让步，四渠按日均受全河水程。

现在留下来的当时的一些公牍（白尔恒等，2003：119—125）记录了这件事情的原委，从中我们可以大致了解事件的经过。

农历六月十四日，为了解决四渠的水程分配问题，各方代表在鲁桥镇召开协调会议。在会上，以沐涨和下五两渠为一方，坚持用全河水，而以源澄和工进两渠为一方坚持四渠公分，双方相持不决。经龙洞渠代表宁中甫，八复渠代表张树棠等多方调处，双方仍然各持己见。来心印出来发言说，"事已至此，各打伤心主义，权当河干水枯，各渠都不能用水；若照源澄、工进意见，四渠公分也是公理。全河各渠旧规，昔年原是如此。但沐涨渠渠道长远，河水甚少，润渠都不够，哪里还有余水灌田呢？"源澄和工进以前段时期，灌溉不周，仍坚持公分。来心印又说，"沐涨是最下堰，全年用水，甚觉艰难，值此天旱，数月未见水点，以公理而论，也应该各上堰各情让此一月水，以体恤沐涨下堰。一河四渠，犹四兄弟，上堰用过，理应情让，天公地道，况四渠按日用全河水，沐涨、下五也不得独占。源澄、工进，用过之日不提，就从十四日会议后，再行公分。"后经温丰区区长刘秉圭，八复渠代表张树棠表决。工进渠代表赵清甫，沐涨渠代表来心印，按日计算，每一渠各用全河水三日半。只有时刻起止没有算准。最后会议决定，先让下五渠上水浇地。次日再算准起止时刻，由水利局和各渠一起公布。又决定，如果天下大雨，河水暴涨，一渠难容大水，四渠仍然照旧分用。以后各渠还是照旧规行事，不得援此为例。会议最后达成的议案如下：

鲁镇六月十四日议案

十八年夏历六月，天旱尤烈，清峪河水，甚属鲜微。

"斗长"郭蛋蛋在斗门前

暂议工进、源澄、下五、沐涨四渠，按日均受全河水程。此月以往，仍照旧章，不得援此为例。倘即日天雨，河水暴涨，一渠不能容纳，四渠仍然照旧用水，此议即作罢论。当日会议，各代表一致赞同，公决此议。（张树棠登记）

到会者姓名列后（所有各村斗利夫大户人众，不及详列，特将代表渠长诸人姓名，详列于后）

龙洞代表宁中甫

八复代表张树棠

工进代表赵清甫，渠长赵金福

沐涨代表来心印、温养初

下五代表孙维曾、罗法，渠长孙尉成

源澄代表毛吉甫、刘逊之，渠长王步洲

区长刘秉圭，渠绅刘屏山、冯仁安、刘德臣、张广德

不料到了十四日晚上，天降大雨，各渠堰都被大水冲毁，四渠都不能容水。会议决议最后作罢，仍按旧规行事。尽管如此，我们仍可以看到以来心印和尚为代表的宗教组织力量在渠务活动中所发挥的积极作用。

三 娱乐组织与水的象征性管理

这里所讲的娱乐组织是指关中民间在春节期间进行娱乐表演的"社火"。

在中国的历史上，"社"曾是一个超村落的地缘性行政组织，但是在历史的发展过程中，往往还带有民间组织的色彩。在北方地区，与"里"同义的"社"，即作为基层行政或税收组织的"社"，只是社的两套系统之一；另外一套系统就是从古代承续下来的，以祭祀为核心、兼及其他基层社会职能的社。这样的"社"有学者称之为"民俗聚落"。（赵世瑜，2002：237—238）

当地妇女结群在水渠中洗衣

这种"民俗聚落"或可称之为一种文化性的社区组织形式。在中国的南北方都存在社的组织，有许多相同之处，但也有差异。一般来说，南方存在名目繁多的社神，主要为村神，并与特定的宗族发生关系；而更大寺庙则涵盖若干相关的村族，在赛会的时候，都是各族姓请出各自的社神，再由后者群迎它们之上的某一庙神，形成"众社拱庙"的格局。在闽南地区，除了明代初建的里社之庙（祖社或祖庙）以外，原来里社内部又发展起许多村落，不仅各有各的村庙，甚至有各姓的家庙，也称之为社。一个村落可以就是一社，甚至两社。而华北地区正相反，一般是一社之下涵盖若干个村落。（赵世瑜，2002：241）

明清以来的"社火"，正是以社为组织形式的民间文化性活动。在华北地区，绝大部分社火是在春节到元宵节期间举行。活动的内容，有演戏、唱秧歌、高跷、狮火，等等。

"社火"组织虽以娱乐歌舞为主，但也隐含着许多其他的社会职能。董晓萍在关中泾阳县泾干镇的调查发现，该地的社火表演中与水的象征性管理有莫大的关系。

泾阳正月耍社火，是当地的传统民俗。在社火表演中穿插着求雨仪式。在泾阳有官渠泾惠渠，也有许多民渠。在地方人民的观念中，官渠与民渠是可以互补和商量的。如果发生用水失调，就会出现官民冲突。在这种情况下，到了春节期间，双方通过耍社火的形式，在泾阳县城的公共场合展开对话。一个例子生动地说明了这一点：

1999年正月十四耍社火时，在跟某些水电行政部门

"斗气"表演的两个村中，南强多出了一支社火队，在民俗方阵中加强了实力，却故意留出了彩车的空间，这一空间是一个暗喻，暗指被水电部门占用的土地。这个社火队伍压后阵的民俗群体人多势众，表示要跟水电局"斗"。建立村原指望政府扶贫，打两口井，结果少打了一口，他们就少出了一辆彩车，也故意空出一块地盘，暗指一口井，表示让行政领导明白，这对他们不公平。当然，在整个游行长队中，他们的这种"抗争"，只是一种象征性的表演，但其深层思想，都与水有关。而正是这种思想观念，造成了他们的仪式表演"与众不同"。有一个例子能从反面证明我们的分析是对的，正月十六泾干镇政府机关一上班，就派干部下乡到建立村解决水问题去了，这表明行政部门在观看民间社火的象征性表演时，看懂了。（董晓萍，2001）

社火组织另外一种水的象征性管理是在表演过程中举行的求雨仪式。在求雨仪式中要唱求雨调。鲁桥镇的杨胜杰老人，一天晚上把当地的两种求雨调唱给了我听：

　1.　　狮娃狮娃哥哥，天旱，火着

　　　　　毛头女子没人养活，请龙王，拜玉皇

　　　　　清风细雨下两场

　　　　　先洗狮娃头，下的满街流

　　　　　再洗狮娃脊背，下得黄河骨堆

　　　　　再洗狮娃脚，下得娃娃顺墙抹

村民抽取地下水灌溉

风来了，雨来了，龙王送的雨来了

2.　　狮娃狮娃哥哥，天干火着

　　　毛头女子没人养活，请龙王，拜玉皇

　　　清风细雨下三场，下得满街流

　　　先洗狮娃的头，先洗狮娃的嘴

下得美，先洗狮娃的靠（尻）子

下得鲁不住，先洗狮娃的脚，下得多

当地求雨仪式的头叫"马脚"。在泾干镇，1949年前，有
过两个出名的马脚，一个叫保柱，一个叫张麻子。求雨时，他
们身穿蓝衣服，头扎白布包巾，上顶黄表绫角，脚穿麻鞋，口
含1.5米的钢锥，手持七尺麻鞭，率队前行。据老人回忆，这
条求雨路线为：

城隍庙（或太壶寺）——花池渡柳家泉庙（柳毅
庙）——翠花山娘娘庙——大曲村水落庵，窝水七天——
县城西关（翠花娘娘的出身地，马脚保柱带数村男性村民
在此迎候）——县城东门（与柴焦村来的另一个马脚张麻
子带领的祁雨队伍相撞，在十字路口处，争送湫水瓶权，
举行神判仪式，堵胜）——胜者进城"夸水"（即安放湫
水瓶）——入太壶寺（董晓萍，2001）

研究者认为，"民水"管理是以象征性管理为主，其特点
为：（1）相信另一个世界对现实世界的水资源的控制，掌握水
权的神灵有龙、狮子和翠花女神。（2）制定水规、水册，按民
间习惯法用水。（3）在求取水量上，按照神判决策，与自然环
境相协调。（4）在经费上，按神费摊派，收支公开。（同上）

"社火"组织在对水的象征性管理中，其象征内容还有所
不同。作为仪式，它能通过马脚、狮子和龙灯的配合，把民权
转化为神权，在找水成功或失败时，避免大喜大悲，巩固民间

管理的地位。据一位老人回忆，在这种社火仪式中，有一个隐秘的动作是拔龙牙，龙牙象征出丁，丁多才能水旺。另外，社火活动中的踏土绕行，表达了民众对"土"的观念，通过社火队员的脚步行动，把"土"与"水"相连。在泾阳的祈雨路线中，有一段必经之路，即进大曲、经西关、绕东关，再进县城，民间解释是迎候翠花娘娘的大驾，其实是踩着泾阳县的土地绕城一周，然后再把神圣的水种送进城内。这样就把两个世界的东西融合在一起，象征着水土两旺，农业丰收。当地春季的社火绕渠习俗也是一种与水有关的踏土行为。社火队在踏行的圈子内表明自己的用水权范围。（同上）

　　"社火"组织在关中水利社会中象征性管理的参与，不但在文化层面上表达了地方民众对水的神圣性观念，有时还会起到一些实质性的作用，组织的娱乐性质对化解紧张的官民冲突、合理分配水资源和督促政府制定新的政策等方面，可能是其他组织力量所不能达致的。

第五章　讨论与结论

一　关中水利社会中的组织力量

通过对关中水利社会历史至今的人类学考察，我们大体了解了在强宗大族缺失的地方社会所卷入公共领域的各种组织力量。

在关中水利社会中，存在官渠和民渠两大水利系统。就主导性的组织力量而言，前者是政府组织在牵引其运转，主要体现在水利建设和管理诸方面。而后者承担其组织作用的是地缘性的联合组织。这两大水利系统所依赖的组织力量也有交叉的地方，比如，官渠的基层管理在很大程度上也不得不借助民间组织，以弥补政府组织的缺陷，同样，民渠在处理水利纠纷时，因其权威的有限性，而必须仰赖政府组织作为最终的裁判者。

除了这两种主导性的组织力量外，其他辅助性的组织力量在牵引关中水利社会的运转方面也起着不可忽视的作用。关中地区庙宇因其拥有一定的庙产（土地），必然与水利灌溉发生牵连。我们在考察的过程中，发现了宗教组织在关中地区的水事活动中扮演了积极的领导和组织角色。

此外，地方性的娱乐组织"社火"也深深地卷入到了水利社会中。娱乐组织的作用主要体现在对"水"的象征性管理方面，表达了地方民众对"水"的文化性理解。不独如此，民众还借助这种文化的武器来表达自己对水资源的利益诉求，从而达到了使用其他手段所不能达致的效果。

田间废弃的水渠

二　人类学观察汉人乡村社会的两种模式
　　　　　——宗族乡村与非宗族乡村

　　因受国际人类学思潮的影响，早期的人类学中国研究便把"宗族组织"置放在研究的首位，而华南又是宗族组织相当发达的区域，因此，该地区成为人类学观察中国社会的重要实验地。宗族组织发达的乡村社会，人类学家称之为"宗族乡村"。林耀华在描述这种类型的乡村社会时，写道：

　　　　宗族乡村乃是乡村的一种。宗族为家族的延展，同一祖先传衍而来的子孙，称为宗族；村为自然结合的地缘团体，乡乃集村而成的政治团体，今乡村二字连用，乃采取自然地缘团体的意义，即社区的观念。（林耀华，2000：导言）

　　　　在义序乡村社区之内，只黄姓一族人居住，他姓附居者寥寥无几。所以我们称义序为宗族乡村，盖乃一族人合居于一村。宗族组织即是乡村组织……

　　　　宗族组织，原为家族组织的伸展，宗族的祠堂，原为家族的宗教机关，家族渐渐发展到宗族，祠堂也渐渐地扩张变为社会的、经济的、政治的、教育的机关了。因此，祠堂的功能，不只是祭祀，他如迎会、社交、娱乐、教育、裁判、外交等事宜，也归于祠堂行使职权。（同上，结论）

学者们除了对宗族组织的内部运转机制作了相当细致的研究外，还对宗族组织在其他社会领域中的主导性作用留下了相当深刻的印象，他们发现在宗族乡村，宗族组织对社会生活的影响是无远弗届的。以下我们从政治、经济、文化诸方面考察宗族组织在宗族乡村的活跃程度。

首先，我们来看一个典型的宗族乡村福建义序（林耀华，2000）。20世纪30年代的义序，还是一个相当完备的宗族村落。黄氏族人在此已繁衍了六百余年，族内时分为十五房。其宗族组织的形式主要体现为祠堂组织、庙宇组织、联甲组织和结社组织。换言之，这些组织是与宗族组织重叠的。而宗族组织在地方上行使着多种社会功能。在宗教仪式方面，除了血缘性的祖宗祭祀外，合族每年还举行迎神赛会。"大王迎会"举行的时间在阴历的正月初九到十五；"将军迎会"的时间在阴历的二月。迎会的过程林耀华作了详细的描述。（林耀华，2000b：52—55）在村内的法政方面，祠堂为全族立法、司法、行政机关，族内的任何事务，祠堂都有干涉之权。在与地方政府的交涉方面，宗族组织是当然的法人代表，两者来往的过程，林耀华的记录生动而具体：

> 宗族的族长和乡长，乃全族的领袖，两人同心合力，共掌族政。族长的任务稍为偏重祠堂祭祀与族内事宜，乡长则偏于官府往来，在外代表本乡。地保任务在于奔波，报告并庶务事宜，临时案件发生，由地保请命于族长或乡长。官府派差来乡，先见地保，由地保引见族长或乡长。

官府把纳粮税契事交给祠堂，祠堂按房支征收，缴纳官府，官府不自费力。祠堂对于各支派家户之经济情形知之甚审，所以征收赋税有所标准，各无怨言。

官府与乡村的冲突，可说等于零。族人存有奸人，官府则惟祠堂是问，这可见全族族人的集体责任。官府任意擒人，祠堂也有权申辩。1933年义序创立保卫团，祠堂公推甲长举办，后甲长被控侵吞团费、榨取民财，被捕下狱。祠堂公议挽救，由现任族长兼乡长具名率全体族人呈请申述。由此可见宗族乡村对外的一致行动。（同上，58—59）

在民间族外往来方面，一是与外族和善敦义，同姓则互照族谱，认为同宗，异姓则联以婚媾，彼此婚姻；二是与外族恶感械斗，世代为仇。在宗族乡村，所有这些对外社会交往，一般都是以宗族为单位发生的。

在其他宗族乡村，情况也不例外。福建玉田县，20世纪30—40年代共十八个乡镇，周围都有聚族而居的大族之人。当时一万人以上的有陈、黄、李三大姓，三千人以上的有十三个大姓。大姓中之大族，大族中之知名人士与富豪有相当的地方权势。历任县长上任伊始，首先要登门拜访大姓豪绅，目的是求得他们的支持以顺利执行公务。（庄孔韶，2000：44—48）

傅衣凌对豪族干预地方经济已作了出色的研究（1982：78—102）。而刘守华对该问题的延展性讨论，让我们更加明了地方市场在形成过程中社会文化的模塑作用。在闽西有四堡墟市，这些墟市的名称和设置主体分别是赖家墟（赖氏）、长校市（长校李氏）、转水会（不详）、公平墟1（雾阁邹氏）、草坪市（不详）、公平墟2（上保约）、双泉街（双泉邹氏）、龙光墟（江坊江氏）、彭坊（彭坊彭氏）、南桥街（雾阁邹氏）。这些市场在地理分布上并不像施坚雅所构拟的规整的模式。在四堡，这些市场主要呈带状分布。而这种分布最为突出的特征，就是在南及雾阁、北达江坊十余华里的地带，自北到南分布着龙光墟、赖家墟和公平墟三个墟市，它们的墟期都是逢五、九日。在如此狭小的范围内，为何出现如此密集的墟市和排他性的墟期安排，这是施坚雅模式无法解释的。

实际上，在四堡，墟市是地方社团（宗族组织）进行权力较量和角逐地域控制权的一个关键环节。在这个过程中，宗族组织动员了各种经济的、社会的与文化的资源，而墟市是这些资源中至关重要的一种。这不仅因为墟市本身可以带来许多实际利益，而且它们是控制地方社会比较重要的途径。一个地方社团在开辟新墟时，可以压低或避开纯经济性的考量，而把注意力集中在开墟所产生的社会文化后果上面。（刘守华，2004）

在宗族乡村所兴办的水利工程中，地方乡族势力往往成为其中的主导性力量。郑振满对明清时期福建沿海的农田水利制度与乡族组织的考察，发现在该时期，随着地方乡族势力的壮大，原来官办的水利设施逐渐让渡给了地方乡族组织，而政府的力量在日夜强大的乡族面前日渐萎缩。（郑振满，1987）

华若碧（Rubie S. Watson）对香港新界厦村的研究也同样为我们提供了一幅宗族村落的生动图景。邓族垄断了该村的居住权。在该村的政治、经济诸方面邓族的富户们行使着支配的权力。作为地主和商人的邓成民（Teng Cheng-ming），他的堂号叫"友恭堂"（Yu Kung T'ang）。"友恭堂"的势力几乎延伸到了当地的宗教、土地、市场和政治权力诸方面。"像'友恭堂'一样的宗族机构，不仅仅拥有宗教和经济的维度，而且还有政治的维度。"（R. S. Watson，1985：88）

在宗族乡村的地方文化操演中，大族的力量同样扮演着主导性的角色。萧凤霞研究的广东小榄"菊花会"给我们提供了一个生动的例子。小榄镇的社会生活和地方政治由当地何、李、麦三个大族把持。在"菊花会"举办期间，还举行模仿科考的"菊试"，以及赋诗作画的"菊社"等活动。当地的士大夫们竭力展示自己的风雅和精英式文化。而每次节庆都是轮流在各大族的祠堂内或前举行。小榄的大族们垄断了地方的文化活动，直到社会发生了结构性的变迁。（萧凤霞，2003：99—131）

以上我们较为简略地从社会生活的诸方面考察了宗族组织在宗族乡村的支配性作用。在这种类型的乡村社会中，社会运转主要是围绕着宗族组织而进行的。在宗族乡村发展出来的学术理论，我们不妨称之为"宗族乡村模式"。这种理论范式自林耀华、库珀和弗里德曼以来基本上支配了人类学中国研究的发展方向。且给人一个假象，以为中国社会不分时间和空间，宗族组织在地方社会中都是支配性的力量。我们通过对关中水利社会的考察，发现这种理论模式并不能解释该地区的实际情况。由此引发我们对该问题的一个延伸性的思考，即在"宗族模式"之外来重新审视中国乡村社会的多样性问题。

"社会组织"是人类学的"大话题"（large issue）之一（Eriksen，1995），研究由来已久。根据个体选择的自由度来区分，一般分为"自愿组织"和"非自愿组织"两种。人类学家里弗斯（W. H. Rivers）在"简单社会"中发现了社会组织的多种形态，主要有亲族、兄弟会、秘密结社、职业"社会"、阶级和政权。（里弗斯，1940）换言之，除了非自愿的血缘组织外，还有许多自愿组织在社会中发挥其作用。

具体到中国社会而言，在强大的"宗族模式"主脉络展开过程中，已有学者注意到了中国社会的多样性问题，而他们的声音被重视的程度并不够。施坚雅在反思自己的"市场"模型后，指出"高于村这一级的地方组织是个非常复杂的问题。最近十年来出版的论著表明，标准集市体系的内部结构，要比施坚雅《中国农村的市场和社会结构（1）》一文里所说的多变、有趣。低于标准集市共同体这一级的村外地方体系，由支系较多的大宗族、水利会、庄稼看守结社（看青会）、政治仪式联盟（花样繁多，其中有社和乡）组成，此外还有特定神祇和坛庙的辖区。其中许多（假如不是大多数）是显示一个以上组织原则的综合会社。"（施坚雅，2000：415，注48）桑高仁（P. S. Sangren，1984）[1]在一篇重要文献中讨论了在亲属之外来重新观察中国传统社会的合作问题。虽然他的本意是要指出非亲属组织与亲属组织的同构性，但启发我们注意到了中国社会组织的多样性问题。他说"尽管讨论的焦点集中在宗族和神明崇拜团体，但手法同样适合同乡会、商会、同学会，以及其

---

[1]　Sangren 的文章由斯坦福大学语言学系的彭睿先生提供，谨表谢意。

他中国人的社会团体。"

在一本讨论中国地方精英与支配模式的论文集中，编作者的观点对我们思考该问题也有莫大的助益。西方汉学界在过往的研究中把注意力都集中到了"士绅"的身上，认定中国社会是一个"士绅社会"。在论文集的作者看来，用"地方精英"代替"士绅"可能更能说明中国社会的实情。"所谓地方精英，根据周锡瑞和兰金的定义，指的是在地方舞台上（指县级以下）施加支配的任何个人和家族，这些精英往往比士绅的范围要广泛得多，也更具有异质性，既包括有功名的士绅，也包括韦伯论述过的地方长老，此外还有各种所谓'职能性精英'（functional elite），如晚清的士绅—商人、商人、士绅—经纪，以及民国时代的教育家、军事精英、资本家、土匪首领等。"（李猛，1995）编者周锡瑞（J. W. Esherick）和兰金（M. B. Rankin）根据施坚雅的区域模型把地方精英的多样性与中国地区差异联系起来，类分了长江下游的精英、东南部精英、华北精英、长江中上游的精英、外围地带精英（local elites in peripheral zones）和边疆精英（frontier elites）。（Esherick & M. B. Rankin，1990：introduction）

在汉语学界，秦晖（2003）已觉察到"宗族模式"解释的限度。根据近年出土的历史资料，他发现在汉唐间湖南长沙地区143个聚落都是杂姓村落，单姓村寥寥无几，或者说几乎就没有。因此，他认为传统主流观点认为中国乡村社会是一个由宗族主导的自治单位于此便失去了解释的效度。相反，是国家力量通过编户齐民的方式在统治着乡村社会。秦晖虽然注意到了"宗族模式"的限度，但他笼统地认为整个中国都是国家力量在起宰制性作用，社会力量软弱无力，却忽视了在某些地区特别是华南地区确实存在宗族组织在地方上所起的主导性作用。施坚雅的区域模型对解答这个问题具有较大的参考意义。相对来说，华北地区的宗族势力要比华南地区微弱得多，除去国家力量不加以考虑外，在华北地方社会上起作用的还有许多非血缘性的民间组织，这些民间组织可能代替了宗族组织的许多社会功能，或者说存在宗族组织的地方，这些社会功能可能是由宗族组织来完成的。

　　郑起东对 1949 年以前的华北农村社会结构作了较详细的研究，认为"在华北地区，由于战乱以及大规模的人口迁徙，以及农村家庭的小型化，造成了宗族的分散。因此，宗族组织已不是农村社会组织的主要形式，取代宗族组织的是各种各样的自治组织、自卫组织、互助组织、文化组织和宗教组织。这些组织既相对独立，又互相包容。自治组织是各种农村社会组织的基本内核，如青苗会，对内作为自治组织，甚至代行行政组织的职能；对外则演变为自卫组织（如联庄会或红枪会）。"（郑起东，2004：100）他还对这些组织形式从功能上作了较详细的分类：

　　　　自治组织：青苗会

　　　　自卫组织：联庄会、枪会、民团

　　　　互助组织：婚丧互助组织、生产互助组织、生活互助组织

　　　　教育组织：书院、社学、义学、私塾、学堂

　　　　娱乐组织：庙会、秧歌会、灯会、迎神会

　　　　宗教组织：正统宗教组织、香会、佛堂、善会等等（同上：100—202）

华北实地调研的先驱甘博（Sidney D. Gamble）在 *North China Villages：social，political，and economic activities before 1933*（1963）一书中更以人类学的视角对华北诸省的乡村社会作了敏锐细致的观察，特别是村庄的社会组织。在他看来，"会"（associations）是华北乡村的主要组织形式。这些"会"从类型上来说主要有三大类，一是一般性的会（general associations），这种类型的"会"关心村庄的所有利益，如"青苗会"（Green Crop Associations）和后来的"义会"（Public Associations）；二是特殊的会（Specific Associations），这些"会"是独立的群体，有自己的领头人、财政、计划和为某种服务而被组织起来，如为纯粹的宗教目的、看青、水利或谷仓的维修等等；三是混合性的会（Compound Associations），这种会由许多半独立的组织所组成，而半独立的组织一般是建立在边界或氏族（clan）的基础上的。有许多事务是这些半独立的组织所处理不了的，所以它们要联合在一起。村民们把高一级的群体叫"大会"，低一级的叫"小会"。另外，他还从会的规模上也进行了类分，一是"大会"（Large Associations），"大会"有三种类型，第一是事实上存在，但没有名称；第二是有明确的组织，但没有明确的名称；第三是在名称中有宗教含义，如"青龙社"（Green Dragon）和"龙洞社"（Dragon Cave）。二是"小会"（Small Associations），小会的种类比如有氏族、边界和宗教性的。（参见 Gamble，1963：32—44）甘博重点研究了华北地区主要也是最重要的社会组织"看青会"。（同上：68—103）

"看青会"又叫青苗会、义坡会（或公看义坡会）、守望社等。"青苗会"一词最早出现在清嘉庆年间，19世纪后半期开始遍布华北各乡村。"青苗会"虽为一自治组织，却为官府所承认。日本学人旗田巍曾对青苗会的起源、发展及性质作过详细探讨。他认为，青苗会的发展有四个阶段：第一，没有必要看青的时代。在生活安定的时期，村中没有盗窃之人，所以便没有看青的必要。第二，农家各自看青的时代。第三，光棍土棍私人看青的时代。第四，村民协同看青时代。（郑起东，2004：102—103）

青苗会在发展过程中，逐渐从单一的组织转换为一个多极组织，涉及村庄的各种事务。凡本村种地的一般都是其会员，甚至外村在本村种地的都要加入。所有的公共费用也是由种地的人负担，按地亩平均分摊。当然，村庄的公共活动不只是看青，宗教生活在村里也是一项重要的活动。这种活动的组织力量，有的与青苗会合并，由青苗会兼管。有的虽另立组织，但仍属青苗会的一部分。此外，村里修筑道路、建筑桥梁、疏通沟渠、设置堤坝，以及修庙塑像、筑垒村围、栽种树木、设立义冢等公共事务，都要借助青苗会的组织力量。民国以后，青苗会的作用日渐扩大，在河北清河，青苗会的任务不仅是看青，而且成为农村生活的中心，凡政治、教育、经济及宗教等，无一不受其支配；黄土北店的乡村组织，以青苗会为最基本，学校、村公所、保卫团，均在青苗会的卵翼之下。私塾时代，家长拿学费，改为学校后，即由青苗会承办，从地亩钱内征收，学校既由青苗会承办，所有董事即由会首之中派出。保卫团的每班班长均为青苗会的会首。（同上：105—107）

北方地区的自治组织和自卫组织在乡村社会生活中占有如

此重要的地位，当与频繁的社会动荡和经济的衰败有密切的关系。关中地区同样出现了类似"青苗会"的庄稼看护组织。在清同治年间西北回汉族群关系紧张时期，为了防止回民的羊群啃吃庄稼，当地的汉人组织起了"羊头会"，意为打死啃吃庄稼的羊并将其头挂在树枝上示众。"羊头会"在后来的回汉冲突中转换为一个抵抗组织。（马长寿，1993）

　　讨论至此，我们不应忽视另外一种民间组织在乡村社会生活中的作用，即秘密会社。把这个问题提出来讨论，与人类学过往研究重视该问题不够有关。秘密会社作为一支未公开的组织力量，在中国各地的乡村社会普遍存在。因其"反秩序"的性质而得不到合法化。但在历史的脉络中却经常在隐蔽与公开的两极来回摆荡。有时可能会是新秩序的创立者。在一本论文集中，论者对中国历史上（1840—1950）的秘密会社与大众运动作了出色的研究。（参见 Chesneaux，1972）巴博德在台湾水利社会中发现，当地的社会群体也包括那些被组织起来的"偷水者"。（1972b）在华北地区，青苗会要防止的就是偷窃庄稼的人，而这些人也有自己的组织。一位社会学者对 20 世纪 30 年代华北某村的这种秘密组织作了详细的记录：

　　　　名称：贼社

　　　　会员：不分贫富，只要对本社目的同意者，即可为
　　　　会员

　　　　会费：每人一元作为买器械用

　　　　组织：会员二十人为限额，推举会长一人，总管本社
　　　　一切事务；司账先生一人，专管收入与支出款项；打杂或

买办二人，专管购买器械和卖青。其余社员应听社长指挥偷青。他们还有誓词，"凡我社员，要同安乐，同辛苦，同生同死，一致对敌，绝无反悔，此誓。"

这个贼社从组织以来，有十五个人加入，社长是歪嘴刘。社员中不全是贫家子弟，也有财主家的孩子，被他们引诱。因为入了此社将来可以发财赚钱，大家在一块吃酒捞肉，年轻的子弟谁不愿干呢？尤其是那些穷家子弟，在世界上活着也是受罪。那些富家子弟，因为每日在帝国主义式的家庭里，想是不得自由，还是入了这个社好，有吃有穿，多么快乐呀。

工作：因为他们的组织很秘密，没有人知道。在六月二十那天，定规在夜间去偷青，到了晚上十一点，那社长歪嘴刘率领十位会员，都持着红缨枪并带着镰刀、担子和绳子去偷青。当时看大坡者也是持着红缨枪的，不过他没有想到来了这么多人，就被他们包围了。这看大坡者叫霍六，只好听其自然。他们将他的嘴用布塞满，不使其发声，用麻绳捆牢他的身体四肢，使他不能动作。于是他们不慌不忙地割了一亩半谷子，有时间的限制，在天亮前就得挑出去，挑到他们早约定好的地方去卖。事先已同另村的流氓接洽好了，算是卖给他们。其中有他们的扣头。约会好在某十字路口交换，当时估价，说好几天给钱，把钱交给谁家，到某村某地去取。取了钱来大家再分，社长分得多点。

他们在那偷青的时候，都画上鬼脸子，恐怕看大坡者认出他们是本庄人，若事发了，定然送官的。并且不跟看大坡者霍六说话，恐怕霍六分辨出他们的声音来。

当他们把谷子挑走了，就把霍六放开，他早已麻木无知了。等他们走了好多时候，他渐渐地才醒来，把嘴中塞的布掏了出来，抬头一看，财主刘成的二亩谷子快割没了。只好叹一口气，慢慢地走回来报告地主刘成。把经过情形说了一遍，又领刘成到地里看了一回，只气得刘成说不出话来，心痛得要命。但是看到霍六身上的伤痕，也觉得难为他了，无可奈何，只好回家再想办法。（张中堂，1932）

在关中地区，清同治年间的回汉冲突中，当地的秘密会社"刀客"曾被地方政府合法化，以作为一支抵抗回民的组织力量。马长寿主持的社会调查为我们记录下了这件事：

三原县调查记录：

当时县长余大老爷手下无兵，很为着急，召集"哥儿"（刀客，土匪自称为哥儿们）上的宋成金想办法。宋成金招募蒲、富、临、渭的刀客几千人来三原县城，想把城内回回全部烧杀，一网打尽。但事前回回已有准备了。大部分回民男女集中在清真寺里，门口安置两尊土炮，用以自卫。五月十三日，宋成金指挥刀客包围礼拜寺。初想攻寺门，因炮火齐发，攻不能入。于是刀客在寺周围纵火，把礼拜寺烧了。烧了三天三夜，大部分回民男女都活活烧死在寺里。（马长寿，1993：235—236）

值得注意的是，以上所提及的自愿性组织，并不是说只有北方地区才存在，在华南地区已有所发现。弗里德曼在《中国东南的宗族组织》中，用了较短的篇幅讨论了华南地区的自愿性组织"会"与"众"。（弗里德曼，2000：117—121）他指出："但是，在这一构架内，很显然存在着群集的空间。这些群集或者可能行使与正规的宗族体系无关的特别任务，或者在这些人当中进行调适，他们的伙伴具有相对自由的选择。换言之，这样或那样的自愿组织可能出现在村落的生活中。"（同上：117）随后他引用了库珀在凤凰村调查的资料。在凤凰村，有六种不同的自愿组织：互助会、老人会、糖业会、水利会、拳会和八音会（music club）。（同上：118）

而郝瑞对台湾一个非宗族村"犁舌尾"（Ploughshare）的研究，让我们更直观地了解到一个没有宗族组织的村庄其社会运转的机制。位于台北附近的犁舌尾，其社群关系有以下几个特点：一是合作群体不重要，主要体现在没有宗族和缺乏合作群体；二是双边关系很重要，主要体现在姻亲关系紧密，存在兄弟姐妹会，没有以前就存在的纽带。基于这种社会关系，犁舌尾的社会运转靠的是家庭组织和宗教组织来带动和牵引。郝瑞还对社会组织产生的原因进行了探讨，他认为出现什么样的社会组织，端看社会经济的"情景"（context）而定。（参见S. Harrell，1982）

同样，在北方地区也有大族的存在，比如甘肃的孔族（Jing，1996），陕北的马族（Rawski，1986；罗红光，2000）以及历史上直隶永平地区的王族（Naquin，1986）。

在此要强调的是，这样一种社会力量的配置和社会架构的形成，当是历史、政治、经济和文化等多种因素合力的结果。我们从区域性的视角出发，需要注意的是这些社会组织在地区中的主次作用。换言之，在某区域可能非自愿组织和自愿组织都存在，但它们在地方社会中所发挥的作用有大有小。或者说在村落一级的范围内，两种组织类型可能会缺少其中的一种，那么另一种组织就会起着完全支配性的作用。

人类学的汉人乡村社会研究，过去一直受到"宗族模式"的支配和影响，学术历程发展至今，已取得了丰硕的成果，而其局限性也日渐显露出来。仅就南方而言，"宗族模式"也不能完全成立，遑论社会文化差异较大的北方地区。因此，"非宗族"的观察视角作为"宗族模式"的延伸当是一个必然的发展方向。

三　组织参与的力量性与缺失性置换

笔者以关中水利社会作为切口，方法论的整体主义作为观察和分析的进路，试图回答在宗族组织缺席的地方社会，其社会运作的机制如何？研究发现，在关中水利社会中，牵引社会机器运转的力量有政府组织、水利组织、宗教组织和娱乐组织。进而通过比较发现，在宗族组织发达的乡村社会，宗族组织可能包揽了社区的一切事务，但在非宗族乡村社会，则为许多自愿性组织的生长提供了可能的空间。自愿组织和非自愿性组织（加上国家力量）的力量对比，是一个相对的概念，这样的力量对比随着时空的变化而呈现出一种主次强弱的状态，其中历史性和空间性起着枢纽般的作用，或如郝瑞所说的"情景"（context）。对人类学汉人乡村社会研究的回顾与检讨，发现"宗族模式"理论在发育得相当成熟的同时，面对复杂多样的中国乡村社会，其解释的限度也日渐显露出来。而一个必然的前景是关注那些尚未得到深入探讨的非宗族乡村。"非宗族模式"作为与"宗族模式"并置的研究视角，将是人类学中国研究的一个未来指向。

如果"宗族乡村"与"非宗族乡村"可以涵括整个中国乡村社会的实情的话，那么怎样对这种实情进行解说呢？作为最后结论部分，笔者试探性地回答这个问题。

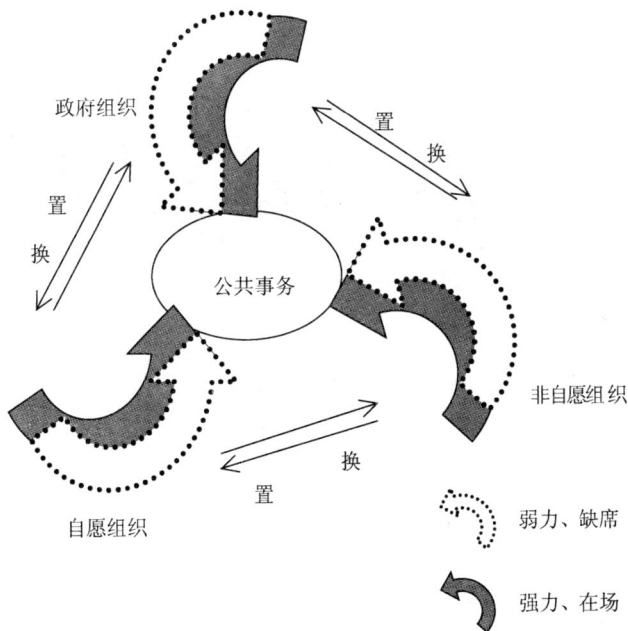

政府组织

置
换

公共事务

置
换

换
置

自愿组织

非自愿组织

弱力、缺席

强力、在场

　　正如论著主体部分的分析和讨论，在某一个空间场域，从理论上说各种社会力量，包括国家和自愿性、非自愿性的民间组织，都有可能在场而发挥作用。但因"情景"的限定，这些力量可能并不会都到齐，另一种可能是在全体在场或部分在场的情况下，这些力量因情景性而有强弱主次之别。于是，在牵引社会运转的时候，各种组织会因力量的大小，而参与到不同的事务之中；同样，当某种组织不在场时，会给其他组织留下生长的余地，从而填补遗留的空间，以满足社会的需要。这个分析可以概括为"组织参与的力量性与缺失性置换"。其价值在于能说明复杂多样的社会结构和社会运转的时空性差异。

参 考 文 献

阿里夫·德里克:《后革命氛围》,中国社会科学出版社1999年版。

白尔恒、蓝克利、魏丕信:《沟洫佚闻杂录》,中华书局2003年版。

编写组:《泾惠渠志》,三秦出版社1991年版。

编写组:《三原县水利志》(内刊),1997年版。

编写组:《三原县志》,陕西人民出版社2000年版。

董晓萍:《陕西泾阳社火与民间水管理关系的调查报告》,《北京师范大学学报》2001年第6期。

杜赞奇:《文化、权力与国家》,江苏人民出版社1996年版。

弗里德曼:《中国东南的宗族组织》,上海人民出版社2000年版。

傅建成:《新民主主义革命时期中共宗族政策、行为分析》,《历史教学》2001年第11期。

傅依凌:《论乡族势力对于中国封建经济的干涉》,其著《明清社会经济史论文集》,人民出版社1982年版。

贺雪峰、罗兴佐：《论乡村水利的组织基础》，《学海》2003 年第 6 期；《乡村水利与农地制度创新》，《管理世界》2003 年第 9 期；《论乡村水利的社会基础》，《开放时代》2004 年第 2 期。

黑格尔：《历史哲学》，上海书店出版社 1999 年版。

黄宗智：《华北的小农经济与社会变迁》，中华书局 2000 年版；《中国革命中的阶级斗争——从土改到文革时期的表达性现实与客观性现实》，《中国乡村研究》（第二辑），商务印书馆 2003 年版。

冀朝鼎：《中国历史上的基本经济区与水利事业的发展》，中国社会科学出版社 1981 年版。

贾征、张乾元：《水利社会学论纲》，武汉水利电力大学出版社 2000 年版。

蒋杰：《关中农村人口问题》，国立西北农业专科学校 1938 年版。

卡尔·魏特夫：《东方专制主义》，中国社会科学出版社 1989 年版。

克利福德·格尔兹：《尼加拉：十九世纪巴厘剧场国家》，上海人民出版社 1999 年版。

里弗斯：《社会的组织》，商务印书馆 1940 年版。

李令福：《关中水利开发与环境》，人民出版社 2004 年版。

李猛：《从"士绅"到"地方精英"》，香港《中国书评》1995 年第 5 期。

李三谋、李震：《清朝洪洞县的河渠灌溉与管理》，《农业考古》2003 年第 3 期。

李文治、江太新：《中国宗法宗族制和族田义庄》，社会科学文献出版社 2000 年版。

林耀华：《金翼》，生活·读书·新知三联书店 2000 年版；《义序的宗族研究》，生活·读书·新知三联书店 2000 年版。

刘守华：《墟市、宗族与地方政治》，《中国社会科学》2004 年第 6 期。

罗红光：《不等价交换》，浙江人民出版社 2000 年版。

马长寿：《同治年间陕西回民起义历史调查记录》，陕西人民出版社 1993 年版。

秦晖：《封建社会的“关中模式”》，《中国经济史研究》1993 年第 1 期；《“关中模式”的社会历史渊源》，《中国经济史研究》1995 年第 1 期；《传统中华帝国的乡村基层控制：汉唐间的乡村组织》，《中国乡村研究》（第一辑），商务印书馆 2003 年版。

清水盛光：《中国族产制度考》，台北中国文化大学出版社 1986 年版。

三原县民间文学编辑委员会：《三原县民间文学集成》（内刊），1989 年版。

陕西省水利局（民国）：《陕西水利月刊》，《陕西省水利季报》。

沈艾娣：《道德、权力与晋水水利系统》，《历史人类学学刊》2003 年第 1 卷第 1 期。

森田明：《清代水利社会史研究》，台北国立编译馆 1996 年版。

施坚雅：《中国农村的市场与社会结构》，中国社会科学出版社 1998 年版；《中华帝国晚期的城市》，中华书局 2000 年版。

　　施振民：《祭祀圈与社会组织》，《民族学研究所集刊》，台北中央研究院民族所 1975 年版。

　　斯蒂芬·福伊希特旺（王斯福）：《学宫与城隍》，施坚雅主编《中华帝国晚期的城市》，中华书局 2002 年版。

　　斯科特：《农民的道义经济学》，江苏人民出版社 2001 年版。

　　谭徐明：《古代水行政管理及监督机制的研究》，中国水利水电研究院水利史研究室编《历史的探索与发现》，黄河水利出版社 2007 年版。

　　田培栋：《明清时代陕西社会经济史》，首都师范大学出版社 2000 年版。

　　魏丕信：《清流对浊流：帝制后期陕西省的郑白渠灌溉系统》，刘翠蓉、伊懋可主编《积渐所至：环境史论文集》，台北中央研究院经济所 1995 年版。

　　沃尔夫：《乡民社会》，台北巨流图书公司 1983 年版。

　　萧凤霞：《传统的循环再生——小榄菊花会的文化、历史与政治经济》，《历史人类学学刊》2003 年第 1 卷第 1 期。

　　萧正洪：《历史时期关中地区农田灌溉中的水权问题》，《中国经济史研究》1999 年第 1 期。

　　谢继昌：《水利和社会文化之适应：蓝城村的例子》，台北《民族学研究所集刊》1973 年第 36 期。

　　行政院农林复兴委员会（民国）：《陕西省农村调查》，上海商务印书馆 1934 年版。

熊伯蘅、王殿俊：《陕西省土地制度调查研究》，国立西北农学院经济系 1941 年版。

杨念群：《杨念群自选集》，广西师范大学出版社 2004 年版。

应 星：《社会支配关系与科场场域的变迁》，杨念群主编：《空间·记忆·社会转型》，上海人民出版社 2001 年版。

张光廷：《陕西省最近二十年来水利纠纷之检讨》，《陕西省水利季报》1936 年第 1 卷第 1 期。

张凯峰：《土地改革与中国农村政权》，《二十一世纪》（9月号）香港中文大学 2004 年。

张世英：《千古名胜药王山》，西北大学出版社 1994 年版。

张小军：《阳村土改中的阶级划分与象征资本》，《中国乡村研究》（第二辑），商务印书馆 2003 年版。

张 妍：《清代族田与基层社会结构》，中国人民大学出版社 1989 年版。

张 英：《恒产琐言》，《丛书集成·初编》，商务印书馆 1939 年版。

张中堂：《一个村庄几种组织的研究》，《社会学界》1932 年第 6 卷。

赵世瑜：《狂欢与日常》，生活·读书·新知三联书店 2003 年版。

郑起东：《转型时期的华北农村社会》，上海书店出版社 2004 年版。

郑振满：《明清福建沿海农田水利制度与乡族组织》，《中国社会经济史研究》1987 年第 4 期。

中共中央调查团：《米脂县杨家沟调查》，人民出版社 1980 年版。

庄孔韶：《银翅》，生活·读书·新知三联书店 2000 年版；《人类学通论》，山西教育出版社 2002 年版；《时空穿行》，中国人民大学出版社 2004 年版。

庄英章：《台湾汉人宗族发展的若干问题》，载《民族学研究所集刊》，台北中央研究院民族所 1975 年版。

滋贺秀三：《中国家族法原理》，法律出版社 2003 年版。

Ahern，Emily M.，*Chinese Ritual and Politic*. Cambridge：Cambrideg University Press，1981.

Baker，HughD. R.，*Chinese Family and Kinship*. New York：Columbia University Press，1979.

Beattie，Hilary J.，*Land and Lineage in China*：*A Study of T'ung _ ch'eng County*，*Anhwei*，*in the Ming and Ch'ing Dynasties*. Cambridge：Cambridge University Press，1979.

Boelens，Rutgerd & Gloria Davila eds.，*Searching For Equity*：*Conceptions of Justice and Equity in Peasant Irrigation*. Van Gorcum，1998.

Chesneaux，Jean. ed.，*Popular Movement and Secret Societies in China*，*1840 — 1950*. Stanford：Stanford University Press，1972.

Ebrey，Patricia B. & James L. Watson. eds.，*Kinship Organization in Late Imperial China 1000 — 1940*. Berkeley Los Angeles：University of California Press，1986.

Eriksen，Thomas H.，*Small Places*，*Large Issues*：*An Introduction to Social and Cultural Anthropology*. London：Pluto

Press，1995.

　　Esherick，JosephW. & Mary B. Rankin. eds. , *Chinese Local Elites and Patterns of Dominance*. Berkeley & Los Angeles：University of California Press，1990.

　　Freedman，Maurice. , *Chinese Lineage and Society：Fukien and Kwangtung*. Humanities Press，1966.

　　Gamble，Sidney D. , *Peking：A Social Survey* . New York：George H. Doran Press，1921；*How Chinese Familys Live in PEIPING*. New York：Funk and Wagnalls Press，1933. ；*TING HSIEN：A North China Rural Community*. New York：Institute of Pacific Relations，1954. ；*North China Villages：Social, Political, and Economic Activities before 1933*. Berkeley & Los Angeles：University of California Press，1963.

　　Gelles，Paul H. , *Water and Power in Highland Peru：the Cultural Politics of Irrigation and Development*. New Brunswick：Rutgers UniversityPress，2000.

　　Harrell，Stevan. , *Ploughshare Village：Culture and Context in Taiwan*. Seattle：University of Washington Press，1982.

　　Holly，Ladislav. , *Anthropological Perspectives on Kinship*. Chicago：Pluto Press，1996.

　　Hsiao，Kong _ Chuan. , *Rural China：Imperial Control in the Nineteenth Century*. Seattle：University of Washington，1960.

　　Jing，Jun. , *The Temple of Memories：History, Power, and Morality in a Chinese Village*. Stanford：Stanford University Press，1996.

Johnson, Kay A. , *Women, the Family and Peasant Revolution in China*. Chicago: University of Chicago Press, 1983.

Lamouroux, ch. , *Hydraulique et societe en Chine du Nord*. BEFEO (85) .1998; *Gestion de l'eau et organization communautaire: L'exemple de la riviere Yeyu au Shaanxi*. BEFEO (85), 1998.

Lipman, Jonathan N. & Steven Harrell. eds. , *Violence in China: Essays in Culture and Counterculture*. Albany: State University of New York Press, 1990.

Mabry, Jonathan B. eds. , *Canals and Communities: Small —Scale Irrigation Systems*. Tucson: University of Arizona Press, 1996.

Naquin, Susan. , *Two Descent Groups in North China: The Wangs of Yung p'ing Prefecture, 1500 — 1800*. In. Kinship Orangization in Late Imperial China 1000—1940. Patricia B. Ebrey & JamesL. Watson eds. Berkeley & Los Angeles: University of California Press, 1986.

Pasternak, Burton. , *Kinship and Community in Two Taiwan Villages*. Stanford: Stanford University Press, 1972; *The Sociology of Irrigation: Two Taiwan Villages*. In. Economic Organization in Chinese Society. W. E. Willmott ed. Stanford: Stanford University Press, 1972.

Rawski, Evelyn S. , *The Ma Landlords of Yang _ chia _ kou in Late Ch'ing and Republican China*. In. Kinship Organization in Late Imperial China 1000—1940. PatriciaB. Ebrey & JamesL.

Watson eds. Berkeley & Los Angeles: University of California Press, 1986.

Sangren, Steven. , *Traditional Chinese Corporations*: *Beyond Kinship*. In. Journal of Asian Studies. 43. 3: 391 — 415, 1984.

Scott, James C. , *Seeing Like a State*: *How Certain Schemes to Improve the Human Condition Have Failed*. New Haven & London: Yale University Press, 1998.

Watson, Rubie S. , *Inequality among Brothers*: *Class and Kinship in South China*. Cambridge: Cambridge University Press, 1985.

Wolf, Arthur P. eds. , *Studies in Chinese Society*. Stanford: Stanford University Press, 1978.

附录一　民国陕西水利现状调查

富平县

1. 渠道名称：怀德

创修时期及所有权：明时创修，私有。

渠道管理方法及渠董姓名、灌溉区域内之总面积（亩）：该渠分上下游，各设渠长一名，每头设小甲一名巡查水量及堰口等事。渠董萧廷献、董正谊、景志伊、党升安等。灌田二千二百余亩。

灌溉区域内之乡村名称及人口约数：自齐堡村起历东西魏村、焦家下庙、东朱堡、军寨、孟堡至南阳村止人口约三千余。

各乡村灌田及分配水量之方法：该渠向因水量充足，灌田不分时间，不按地亩上足下用。

重修或岁修时期及用款概数与来源：每年春季，渠长及小甲率领地夫淘渠一次，工竣，该渠向例酬劳渠长小甲酒菜费约需洋三十元。

2．渠道名称：顺城

创修时期及所有权：明时中叶，私有。

渠道管理方法及渠董姓名、灌溉区域内之总面积（亩）：渠长一名，每头小甲一名，巡查堰口及水量等事。渠董党廷□等。灌田三百二十亩。

灌溉区域内之乡村名称及人口约数：寺后堡及金连城，人口约一千余。

各乡村灌田及分配水量之方法：水量充足不计时日随意浇灌。

重修或岁修时期及用款概数与来源：每年春季，渠长率地夫淘渠一次。

3．渠道名称：玉带

创修时期及所有权：明末，私有。

渠道管理方法及渠董姓名、灌溉区域内之总面积（亩）：渠长一名，每头小甲一名，巡查水量疏渠等事。渠董唐秉□。灌田二百五十亩。

灌溉区域内之乡村名称及人口约数：窦村，人口一千五百余。

各乡村灌田及分配水量之方法：不计时日，上足下用。

重修或岁修时期及用款概数与来源：每年春季，渠长率地夫淘渠一次。

4．渠道名称：倒迴

创修时期及所有权：明时，私有。

渠道管理方法及渠董姓名、灌溉区域内之总面积（亩）：渠长一名，巡查水量修理渠道等事。渠董唐连三。灌田三百亩。

灌溉区域内之乡村名称及人口约数：东魏村、窦村，人口计六百之谱。

各乡村灌田及分配水量之方法：不限时日，上足下用。

重修或岁修时期及用款概数与来源：每年春季，渠长率地夫淘渠一次。

5. 渠道名称：天济

创修时期及所有权：明时，私有。

渠道管理方法及渠董姓名、灌溉区域内之总面积（亩）：渠长一名，每头各设小甲一名，办理疏渠等事。渠董高建绩、韩润海。灌田四百亩。

灌溉区域内之乡村名称及人口约数：焦村，人口约千余。

各乡村灌田及分配水量之方法：按地计时，轮流灌溉。

重修或岁修时期及用款概数与来源：无。

6. 渠道名称：囿田

创修时期及所有权：明时，私有。

渠道管理方法及渠董姓名、灌溉区域内之总面积（亩）：渠长四名，小甲十名，经理灌田巡查堰口水量。渠董田祖舜、董正智。灌田一千三百亩。

灌溉区域内之乡村名称及人口约数：嘴头、定国寺、上官村、刑家沟、朱家沟、赵家湾，人口约计二千六百余。

各乡村灌田及分配水量之方法：按地计时，轮流浇灌。全渠共分十甲，每甲引水一昼夜，又有行程水（即润渠水）一日。

重修或岁修时期及用款概数与来源：每年春季，渠长率地夫淘渠修堰。

7. 渠道名称：宏济

创修时期及所有权：清时创修，私有。

渠道管理方法及渠董姓名、灌溉区域内之总面积（亩）：设渠长一人，各村举小甲一人，管理修渠、灌田等事。灌田一百五十亩 。

灌溉区域内之乡村名称及人口约数：嘴头、殷家、东魏村一百亩，东魏村五十亩。

各乡村灌田及分配水量之方法：上足下用，不计时间，不按地亩。

重修或岁修时期及用款概数与来源：每岁春季，地夫淘渠一次。

8. 渠道名称：温润

创修时期及所有权：民国八年创修，私有。

渠道管理方法及渠董姓名、灌溉区域内之总面积（亩）：公举渠长一名，各项小甲一名，管理淘渠、灌田等事。渠董乔树锦、孙实善。灌田一百二十亩。

灌溉区域内之乡村名称及人口约数：寨上、下寨、乔堡，人口约计五百余。

各乡村灌田及分配水量之方法：任其灌溉。

重修或岁修时期及用款概数与来源：每年春季，渠长督地夫淘渠一次。

9. 渠道名称：利民

创修时期及所有权：清末，私有。

渠道管理方法及渠董姓名、灌溉区域内之总面积（亩）：此渠因附近多泉，水量易引，故组织欠缺。灌溉二百亩。

灌溉区域内之乡村名称及人口约数：翟家崖、亭子赵，人口约计三百名。

各乡村灌田及分配水量之方法：不按地亩，不计时间，任所灌溉。

重修或岁修时期及用款概数与来源：每年春季，派地夫淘渠疏泉。

10. 渠道名称：润民

创修时期及所有权：清末，私有。

渠道管理方法及渠董姓名、灌溉区域内之总面积（亩）：此渠组织亦属不备，临时发生事端，集众商决。

灌溉区域内之乡村名称及人口约数：白家圪塔、王家街子，人口约计三百五十名。

各乡村灌田及分配水量之方法：不按地亩，不计时间，任所灌溉。

重修或岁修时期及用款概数与来源：每年，渠干则淘，水涸则疏，均属地夫。

11. 渠道名称：泽渠

创修时期及所有权：清时，私有。

渠道管理方法及渠董姓名、灌溉区域内之总面积（亩）：设渠长一人，管理渠务。灌田一百二十亩。

灌溉区域内之乡村名称及人口约数：神下村、白家堡，人口约计三百余名。

各乡村灌田及分配水量之方法：上足下用。

重修或岁修时期及用款概数与来源：临时渠道有淤塞之处派地夫淘滤。

12. 渠道名称：金定

创修时期及所有权：唐时创修为公有，现属私有。

渠道管理方法及渠董姓名、灌溉区域内之总面积（亩）：该渠设总渠长一人，每头有散渠长一人，巡视水量、渠口及修筑渠岸经理灌田等事。灌田一千零八十亩。

灌溉区域内之乡村名称及人口约数：石桥堡、下王堡、上曹堡，东西二渠人口约二千余。

各乡村灌田及分配水量之方法：按田计时，分头轮流灌溉，每旬一次，但每头须挨次灌田，此旬未尽，下旬接续灌之，终而复始。

重修或岁修时期及用款概数与来源：每岁春季，渠长督同小甲、地夫淘渠一次。又渠上游系砭渠，不时被水冲坏，派地夫修渠，所需石灰、绳笼之费由地夫摊派。

13. 渠道名称：广惠

创修时期及所有权：明时，私有。

渠道管理方法及渠董姓名、灌溉区域内之总面积（亩）：渠长二名（又名水老），每头各举小甲一名或二名，巡查水量、疏渠、筑埝及经理灌田等事宜。

灌溉区域内之乡村名称及人口约数：教场、谢村、古城村、卧龙村、大小牛村等，人口约计二千一百余。

各乡村灌田及分配水量之方法：按地计时，轮流灌溉，但分春冬二季，每月一次；夏秋二季，一五日一次，毫无紊乱。

重修或岁修时期及用款概数与来源：每岁春季或秋季，渠长率同小甲及地夫淘渠一次。若遇河水暴涨，辄将土埝冲崩，即时派夫修筑。

14. 渠道名称：文昌

创修时期及所有权：明时，私有。

渠道管理方法及渠董姓名、灌溉区域内之总面积（亩）：总渠长一名，散渠长三名，各村小甲一名，巡查水量、淘渠、修堰。渠董钟忍。灌田三千五百亩。

灌溉区域内之乡村名称及人口约数：桑家湾、庄里镇、北门、元陵堡、方井、吴村、齐村、涝池、董家庄、安乐村、怀阳城，人口约三千五百名。

各乡村灌田及分配水量之方法：按地计时，轮流灌溉。

重修或岁修时期及用款概数与来源：每年春季，淘渠一次。

15. 渠道名称：实惠

创修时期及所有权：明时，私有。

渠道管理方法及渠董姓名、灌溉区域内之总面积（亩）：
渠长二名，各头举小甲一名，经理淘渠、修检等事。渠董魏
奇等。灌田二千二百亩。

灌溉区域内之乡村名称及人口约数：桑家湾、樊白、邵三
堡、唐张河、杨家斜庄、里镇，人口约计二千一百余名。

各乡村灌田及分配水量之方法：按地计时，轮流灌溉。

重修或岁修时期及用款概数与来源：每年春季，淘渠
一次。

16. 渠道名称：东永济

创修时期及所有权：明时，私有。

渠道管理方法及渠董姓名、灌溉区域内之总面积（亩）：
渠长三名，各头举小甲一名，经理淘渠、修堰、灌田等事。灌
田一千八百二十亩。

灌溉区域内之乡村名称及人口约数：瞿黄、街子、太和、
寿阳二堡西向，张唐河庄、里锁，人口约计一千五百余名。

各乡村灌田及分配水量之方法：按地计时，轮流灌溉。

重修或岁修时期及用款概数与来源：向系每岁春季，淘渠
一次。

17. 渠道名称：东永兴

创修时期及所有权：明时，私有。

渠道管理方法及渠董姓名、灌溉区域内之总面积（亩）：公举渠长二名，各头均举小甲一名，经理淘渠、巡水、筑检、灌田等事。灌田一千亩。

灌溉区域内之乡村名称及人口约数：庄里镇、西砲头、南午村，人口约一千二百余名。

各乡村灌田及分配水量之方法：按地计时，轮流浇灌。

重修或岁修时期及用款概数与来源：每年春季，淘渠一次。

18. 渠道名称：广济

创修时期及所有权：明时，私有。

渠道管理方法及渠董姓名、灌溉区域内之总面积（亩）：举渠长二名，各头又举小甲一名，经理巡水、淘渠、修堰等事。灌田二千亩。

灌溉区域内之乡村名称及人口约数：庄里镇、西门外、西砲头、毛午村，人口约计一千余名。

各乡村灌田及分配水量之方法：按地计时，轮流灌溉。

重修或岁修时期及用款概数与来源：每年春季，淘渠一次。

19. 渠道名称：永丰

创修时期及所有权：明时，私有。

渠道管理方法及渠董姓名、灌溉区域内之总面积（亩）：公举渠长二名，各头置小甲一名，经理淘渠、筑堰、巡水等事。灌田五百八十亩。

灌溉区域内之乡村名称及人口约数：索村、西贾村，人口约计七百五十余名。

各乡村灌田及分配水量之方法：按地计时，轮流灌溉。

重修或岁修时期及用款概数与来源：向系每岁春季，淘渠一次。

20. 渠道名称：大判官

创修时期及所有权：明时，私有。

渠道管理方法及渠董姓名、灌溉区域内之总面积（亩）：此渠复开，组织尚未完备。渠董马汉臣、侯笃。灌田约计二百亩。

灌溉区域内之乡村名称及人口约数：马家堡、侯家堡，人口约计六百余名。

各乡村灌田及分配水量之方法：无。

重修或岁修时期及用款概数与来源：每年春季，淘渠一次。

21. 渠道名称：永兴

创修时期及所有权：明时，私有。

渠道管理方法及渠董姓名、灌溉区域内之总面积（亩）：有渠长二名，各头置小甲一名，经理巡水、淘渠、筑埝等事。灌田七百亩。

灌溉区域内之乡村名称及人口约数：南北索村、东西贾村、张王堡、西南北刘三堡、董阁、白三堡，人口约计一千八百余名。

各乡村灌田及分配水量之方法：按地计时，轮流灌溉。

重修或岁修时期及用款概数与来源：每年春季，修埝淘渠一次。

22. 渠道名称：溢水

创修时期及所有权：明时，私有。

渠道管理方法及渠董姓名、灌溉区域内之总面积（亩）：公举渠长二人，各村又举小甲一名，经理筑埝、淘渠等事。灌田五百亩。

灌溉区域内之乡村名称及人口约数：西硙头、南午村、白家涧、西刘堡，人口约计六千名。

各乡村灌田及分配水量之方法：按地计时，轮流灌溉。

重修或岁修时期及用款概数与来源：每年春季，渠长督率地夫淘渠一次。

23. 渠道名称：石水

创修时期及所有权：明时，私有。

渠道管理方法及渠董姓名、灌溉区域内之总面积（亩）：此渠长三名，各村有置小甲一名或二名，以经管淘渠、修埝、巡水等事。灌田一千亩 。

灌溉区域内之乡村名称及人口约数：东贾村、骆村、木节口、树连坊、权家科子、头师家等村，人口约计一千名。

各乡村灌田及分配水量之方法：按地计时，轮流灌溉。

重修或岁修时期及用款概数与来源：每年修埝淘渠一次。

24. 渠道名称：千年

创修时期及所有权：明时，私有。

渠道管理方法及渠董姓名、灌溉区域内之总面积（亩）：分上中下，举渠长三名，各村置小甲一名或二名，经管淘渠、修堰等事 。灌田一千五百二十五亩。

灌溉区域内之乡村名称及人口约数：树连坊、科子头、南社、良村，人口约计一千八百名。

各乡村灌田及分配水量之方法：按地计时，轮流灌溉。

重修或岁修时期及用款概数与来源：向系每岁春季，淘渠一次。

25. 渠道名称：永润

创修时期及所有权：明时，私有。

渠道管理方法及渠董姓名、灌溉区域内之总面积（亩）：公举渠长三人，每堡又举小甲一名，管理淘渠、修埝等事。灌田一千一百亩。

灌溉区域内之乡村名称及人口约数：木节口、温家堡湾、杜村、党家堡、教场、师马堡、南社，人口约计一千六百名。

各乡村灌田及分配水量之方法：按地计时，轮流灌溉。

重修或岁修时期及用款概数与来源：每年春季，修检淘渠一次。

26. 渠道名称：偃武

创修时期及所有权：明时，私有。

渠道管理方法及渠董姓名、灌溉区域内之总面积（亩）：设渠长二人，各头举小甲一人，管理淘渠、修埝等事。灌田三百六十亩。

灌溉区域内之乡村名称及人口约数：魏家堡、赵家堡，人口约计三百六十余名。

各乡村灌田及分配水量之方法：按地计时，分配水量。

重修或岁修时期及用款概数与来源：每岁派地夫淘渠一次。

27. 渠道名称：中渠

创修时期及所有权：明时，私有。

渠道管理方法及渠董姓名、灌溉区域内之总面积（亩）：设渠长三人，各村置小甲一人，管理淘渠、疏泉、支配水量等事。渠董米文泉、李介民。灌田五百亩。

灌溉区域内之乡村名称及人口约数：赵家、米家庙、沟南、刘周家等堡，人口约计一千余。

各乡村灌田及分配水量之方法：按地计时，每旬一轮。

重修或岁修时期及用款概数与来源：每岁春季，派地夫淘渠一次，及夏季疏泉等事。

28. 渠道名称：小白马

创修时期及所有权：明时，私有。

渠道管理方法及渠董姓名、灌溉区域内之总面积（亩）：设渠长二人，各有小甲一人，管理修堰、淘渠等事。灌田一千七百亩。

灌溉区域内之乡村名称及人口约数：庙沟堡、横水头、周刘坡、安筑、朱党、三堡、陵李、理沟等村，人口约计一千八百余名。

各乡村灌田及分配水量之方法：按地计时，分配水量。

重修或岁修时期及用款概数与来源：每岁春季，派地夫淘渠一次，及临时修理堰口。

29. 渠道名称：大白马

创修时期及所有权：明时，私有。

渠道管理方法及渠董姓名、灌溉区域内之总面积（亩）：设渠长三人，各村有小甲一名，管理修堰、淘渠。灌田二千亩。

灌溉区域内之乡村名称及人口约数：陵里沟、白马村、十八坊、寺东、赤坡等村，人口约计二千五百余。

各乡村灌田及分配水量之方法：依地计时，分配水量。

重修或岁修时期及用款概数与来源：每年春季，派地夫淘渠一次，及临时修理埝口。

30. 渠道名称：永寿

创修时期及所有权：明时，私有。

渠道管理方法及渠董姓名、灌溉区域内之总面积（亩）：设渠长二人，各村有小甲一名，管理淘渠、修渠、修堰、借水等事。灌田二千零三十亩。

灌溉区域内之乡村名称及人口约数：赤坡、贡子镇、上官村、铁佛寺等村，人口约计二千五百名。

各乡村灌田及分配水量之方法：按地计时，分配水量。

重修或岁修时期及用款概数与来源：每年春季，派地夫淘渠一次，及临时发暴水修堰等事。

31．渠道名称：兴隆

创修时期及所有权：明时，私有。

渠道管理方法及渠董姓名、灌溉区域内之总面积（亩）：设渠长三人，各村有小甲一人，管理淘渠、修堰、借水等事。灌田一千亩。

灌溉区域内之乡村名称及人口约数：别家堡、上官村、官庄统、杨家、铁佛等，人口八百余名。

各乡村灌田及分配水量之方法：按地计时，分配水量。

重修或岁修时期及用款概数与来源：每年春季，派地夫淘渠一次，及临时发暴水修堰等事。

32．渠道名称：遗爱

创修时期及所有权：明时，私有。

渠道管理方法及渠董姓名、灌溉区域内之总面积（亩）：设渠长三人，各村有小甲一人，管理淘渠、修埝、借水等事。灌田七百亩。

灌溉区域内之乡村名称及人口约数：木匠、杨家堡、官庄、南韩堡、尚家堡、铁佛寺，人口约计六千余名。

各乡村灌田及分配水量之方法：按地计时，轮流灌溉。

重修或岁修时期及用款概数与来源：每年春季，淘渠一次。

33．渠道名称：长泽

创修时期及所有权：明时，私有。

渠道管理方法及渠董姓名灌溉区域内之总面积（亩）：设渠长二人，各村有小甲一名，管理淘渠、修埝、借水等事。灌田六百三十亩。

灌溉区域内之乡村名称及人口约数：韩家堡、尚家堡、高李堡，人口约计六百余名。

各乡村灌田及分配水量之方法：按地计时，分配水量。

重修或岁修时期及用款概数与来源：每年春季，派地夫淘渠一次，及临时发暴水修埝等事。

34. 渠道名称：荆带

创修时期及所有权：民国八年，私有。

渠道管理方法及渠董姓名灌溉区域内之总面积（亩）：设渠长一人，管理淘渠、修埝等事。渠董过锦屏。灌田一百二十亩。

灌溉区域内之乡村名称及人口约数：王旦村、牛村，人口约计三百余名。

各乡村灌田及分配水量之方法：按地计时轮流灌溉

重修或岁修时期及用款概数与来源：临时渠道若有淤塞，即派地夫淘浚之。

35. 渠道名称：姚渠

创修时期及所有权：民国二年，私有。

渠道管理方法及渠董姓名、灌溉区域内之总面积（亩）：设渠长一名，管理淘渠、疏水等事。灌田约一百亩。

灌溉区域内之乡村名称及人口约数：姚村，人口约计三百余名。

各乡村灌田及分配水量之方法：按地计时，轮流灌溉。

重修或岁修时期及用款概数与来源：渠道如有淤塞之处，临时派地夫修理之。

城固县

1. 渠道名称：高堰渠

创修时期及所有权：创于汉时，利权为升仙口、木槽口、斗山，后各霸人民所有。

渠道管理方法及渠董姓名、灌溉区域内之总面积（亩）：每年忙种前开水后，惟视察渠水稠时，开水闸口，俟水清闭闸而已。渠董陈会轩。灌域总面积一千九百余亩。

灌溉区域内之乡村名称及人口约数：升仙村、杜家堡、许家庙、万家营，灌坝村，人口约五千余口。

各乡村灌田及分配水量之方法：由上游挨次灌溉，无分配水量情形。

重修或岁修时期及用款概数与来源：每年三月间补修一次，用款约三四百元，由田亩摊筹。

2. 渠道名称：百丈堰西流渠

创修时期及所有权：创于汉朝时代，利权为西原里人民所有。

渠道管理方法及渠董姓名、灌溉区域内之总面积（亩）：

自用水时，渠董不时照料，开闭闸口各事。渠董王应照。灌域面积七百余亩。

灌溉区域内之乡村名称及人口约数：西原里，约五千余口。

各乡村灌田及分配水量之方法：由上流挨次灌溉。

重修或岁修时期及用款概数与来源：岁修一次，概在二三月，开用款以堰渠均□，每渠约四百十余元，由所灌田亩摊筹。

3. 渠道名称：百丈堰东流渠，又名通济渠

创修时期及所有权：创于西汉晚季，利权为西中东三原里人民所有。

渠道管理方法及渠董姓名、灌溉区域内之总面积（亩）：每年自小满后用水时起，渠董随时照料，清水封闸、稠水启闸事项。渠董为吴俊杰、刘文英。灌溉区域面积约二千五百亩。

灌溉区域内之乡村名称及人口约数：西原里、中原里、东原里、么庄村，人数约二万五千余口。

各乡村灌田及分配水量之方法：由上流向下流，挨次灌溉，并无分水排灌各情事。

重修或岁修时期及用款概数与来源：岁修一次，概在二三月间至六七月间，或因洪水冲崩补修一次至二三次不等。用款以河堰工程大小均摊，此渠约用二千五六百元，由使水人户按亩摊筹。

4. 渠道名称：五门堰之筒车渠

创修时期及所有权：西汉末期，利权为朱园村人民所有。

渠道管理方法及渠董姓名、灌溉区域内之总面积（亩）：渠董随时照料，水车动止暨渠道通滞事项。渠董贾道。灌域面积百亩。

灌溉区域内之乡村名称及人口约数：朱园村，人数五百余口。

各乡村灌田及分配水量之方法：由上流至下流，挨次灌溉，并无分配水量各情事。

重修或岁修时期及用款概数与来源：每年二三月，间补培闸口及修理筒车，约数十元，由所灌田亩按亩摊筹。

5. 渠道名称：五门堰唐公湃渠

创修时期及所有权：西汉季，利权为朱园、斗山、后塆及店子村人民所有。

渠道管理方法及渠董姓名、灌溉区域内之总面积（亩）：渠董按期派夫疏浚，并遇天旱水量减少时督理排灌事项。渠董胡麒。灌域面积一千零五十余亩。

灌溉区域内之乡村名称及人口约数：朱园村、斗山、后塆村、店子村，人数约三千五百余口。

各乡村灌田及分配水量之方法：遇水量减少时，由上流向下挨次使用排灌法。

重修或岁修时期及用款概数与来源：每岁二三月间，由堰董巡视闸口，遇有破坏时即行修理，用款约三十余元，由各田亩摊筹。

6. 渠道名称：五门堰官渠中段

创修时期及所有权：始创于汉，继创于元至正时，大成于明朝之万历年间，权为上一里田户所有。

渠道管理方法及渠董姓名、灌溉区域内之总面积（亩）：渠董张聚祥经理各洞口之进水量暨渠道疏浚事项。灌域四千八百四十余亩。

灌溉区域内之乡村名称及人口约数：望仙桥村、刘家村、斗山湾、吕家村、马家店、高家湾、马家村、拱龚家村、余王村、曹家村、石家庄、黄家村、闵家坎、郑家乡，人数约二万二千余口。

各乡村灌田及分配水量之方法：普通每渠皆由下流先灌，挨次向上流节比灌溉。

重修或岁修时期及用款概数与来源：每岁春季时，修理河堰，每年约摊洋二千元之谱，皆由田户摊筹。

7. 渠道名称：五门堰官渠下段

创修时期及所有权：创于元朝至正时，权为县城附近，东北西十五里以内各乡村人民所有。

渠道管理方法及渠董姓名、灌溉区域内之总面积（亩）：黄家湃渠董王金荣、莺莺湃渠董张存德、油浮湃渠董张正鹄、水车湃渠董袁之荣，皆仲春起夫浚渠，佃工修湃用水时，随时经理灌溉，并于冬季筹款各情事。灌域三万七千二百一十余亩。

灌溉区域内之乡村名称及人口约数：五郎面、栗子园、杜家槽、刘家村、刑家庄、方家堰、邸家次村、仁义村、邯郸村、加长墒、贺家桥、余家营、关王堡、东西寨、强家坎、张柳巷、饶家营、徐家园、桐家桥、江家湾、揭家槽、八庙、柳家乡、袁家营、上道院司、家铺□治城，附近人数约十五万余口。

各乡村灌田及分配水量之方法：普通由下游向上游挨比灌溉，不得越灌，须俟下次排灌时方得再灌。

重修或岁修时期及用款概数与来源：每岁仲春浚渠，季春修堰，用款约一万五千元，除五门堰局租息垫用外，皆由田户摊筹。

8. 渠道名称：五门堰末段之西流渠，又名官渠尾

创修时期及所有权：元至正间，权为龙头寺至沙河营各地人民所有。

渠道管理方法及渠董姓名、灌溉区域内之总面积（亩）：渠董高和经理灌及浚渠事项。灌域总积四千八百五十亩。

灌溉区域内之乡村名称及人口约数：龙头寺、高家村、萧家营、淡家营、安乐堂、梁家庄、沙河营，人数二万口之谱。

各乡村灌田及分配水量之方法：由下游向上游挨次灌溉。

重修或岁修时期及用款概数与来源：每年仲春浚渠、修闸、砌湃口，皆用民夫，至用款，若非洪水冲堰则不摊款，即拨款亦不过十分之一，由田户摊筹。

9. 渠道名称：杨填堰在城固三分之细沙洞渠暨沙渠洞渠

创修时期及所有权：创于宋朝时代，利权为城固三分堰人民所有。

渠道管理方法及渠董姓名、灌溉区域内之总面积（亩）：

渠董细沙洞渠宋鸿儒、沙渠洞渠罗鸿彦，管理修闸、浚渠及收堰坎事项。灌域二千六百七十五亩。

灌溉区域内之乡村名称及人口约数：水车村、张家楼、西留村、上下苏村、柳夹寨，人数约八千余口。

各乡村灌田及分配水量之方法：该渠水旺田少，无分水之例。

重修或岁修时期及用款概数与来源：每岁春季初浚渠一次，再摊认，杨填堰修堰款项，十分之三由户按亩摊派。

10. 渠道名称：小沙河之东流堰渠、西流堰渠

创修时期及所有权：明季，为当地居民所有权。

渠道管理方法及渠董姓名、灌溉区域内之总面积（亩）：渠董李义、张炳章，分担两堰渠通塞事项，随时查勘。灌域一千二百八十六亩。

灌溉区域内之乡村名称及人口约数：胡广营村、柳渡、龙王庙、秦霸家，人数约三千余口。

各乡村灌田及分配水量之方法：普通由下向上，用排比灌溉法。

重修或岁修时期及用款概数与来源：每岁春末修补闸口一次，用款约四十余元，由田亩摊筹。

11. 渠道名称：导流堰渠陈小堰渠

创修时期及所有权：明朝初叶，利权唐家营占其大部分，陈小堰同。

渠道管理方法及渠董姓名、灌溉区域内之总面积（亩）：

渠董张朝元随时巡视渠道，经理水量涨消，及亢旱时挨次排灌各事。灌域四千八百余亩外，陈小堰渠灌域四百余亩。

灌溉区域内之乡村名称及人口约数：唐家营、董家营、李草墒、徐家堡、黄家港、徐胥、杨王、四牌，人数约二万余口。

各乡村灌田及分配水量之方法：平常随时灌溉，遇天旱水量减少时，先由各渠下游挨次向上游排灌。

重修或岁修时期及用款概数与来源：每岁仲春时起，本堰民夫修堰及修筑支渠闸口，用款约一二百元，由各田亩摊筹。

12. 渠道名称：南沙河渠

创修时期及所有权：明万历，利权为当地人民所有。

渠道管理方法及渠董姓名、灌溉区域内之总面积（亩）：渠董徐秉钧，分派各渠渠头，随时经营堰渠通塞及疏浚各事项。灌域面积约六千七百余亩。

灌溉区域内之乡村名称及人口约数：汤蓭、胥家营、汪家营、嵩山寺、口头营、舒家营、刘家营、吴家营，人数约二万四千余口。

各乡村灌田及分配水量之方法：由下游向上游，挨次排比灌溉。

重修或岁修时期及用款概数与来源：每岁用水时，按田起夫，截河修堰，遇进水各闸口崩坏时，随时修补，通同计算，每年不过四五百元，均由使水人户按摊派。

13. 渠道名称：文川西小堰渠

创修时期及所有权：明万历间，权为娘娘山口人民所有。

渠道管理方法及渠董姓名、灌溉区域内之总面积（亩）：渠董李为善，随时经理堰坎渠道崩浚事项。灌域面积六百二十五亩。

灌溉区域内之乡村名称及人口约数：娘娘山口村，人数约一千八百余口。

各乡村灌田及分配水量之方法：随时灌溉，并无分水情事。

重修或岁修时期及用款概数与来源：每岁春补修一次，至夏秋之交，往往有连日修筑堰坎者，用款约十余元，由田亩摊筹。

蒲城县

渠道名称：漫泉河

创修时期及所有权：自碑文考之，唐时已有水利，故创修时期不可知，所有权属于东西贾曲村。

渠道管理方法及渠董姓名、灌溉区域内之总面积（亩）：去年（1934）曾由建设局呈请县政府，委该村居民丁南峰、梁宏宾为该水利经理。前清时曾由县署碑刊管理方法，历年遵守，自去年（1934）开新泉多眼后，现可灌田八百七十余亩。

灌溉区域内之乡村名称及人口约数：灌溉区域内有东贾曲、西贾曲二大村，东贾曲人口约五百余，西贾曲人口约三百五十余。

各乡村灌田及分配水量之方法：该处凡可灌溉之田皆为金粮，历代相传不能变更，故分配水量方法，以有金粮地多少为标准。

重修或岁修时期及用款概数与来源：每岁夏季大雨后，秋季七八月间必浚涤，去其草芥与积泥，用款多少视工程大小而定，由村民分任。

淳化县

渠道名称：冶峪河渠

创修时期及所有权：创修于清之同治年间，为石桥镇合村保所。

渠道管理方法及渠董姓名、灌溉区域内之总面积（亩）：渠道由该村居民互相管理，渠董未定，至所灌之田约八十余亩。

灌溉区域内之乡村名称及人口约数：区域内之乡村为石桥镇村，人口约三百余口。

各乡村灌田及分配水量之方法：上下游依次灌溉。

重修或岁修时期及用款概数与来源：每年修无定期，随坏随修，至修时所需之工料，概由该村筹办。

蓝田县

渠道名称：白家渠、军堰渠、民堰渠、穆家渠、马家渠、惠远渠、薛家渠、邓家渠、库□渠

创修时期及所有权：所有创修时期无可考，渠为各该

区村。

渠道管理方法及渠董姓名、灌溉区域内之总面积（亩）：每年举水总一人经理，挨次轮流，全县灌溉区域内之总面积共约二百三十九顷有余。

灌溉区域内之乡村名称及人口约数：白家堰人口约五百口、新军寨等村人口约七千口、大寨等村人口约六千口、马家湾村人口约五千口、谢家寨等村人口约六千口薛家河等村人口约四千口、邓家河等村人口约三千口、萧家坡等村人口约二万三千口。

各乡村灌田及分配水量之方法：轮流灌溉。

重修或岁修时期及用款概数与来源：重修岁修之用款，由各该灌田人担负同上。

耀县

1. 渠道名称：烟霖渠

创修时期及所有权：创于明代，为该处居民所有权。

渠道管理方法及渠董姓名、灌溉区域内之总面积（亩）：除大旱临时推举渠长经理分配灌田外，平时水由地旁经过，任意灌溉之，并无权保管专人之设，共灌田约五六十亩。

灌溉区域内之乡村名称及人口约数：只苏家店并无他乡村之可言，该区域内人数约百余口。

各乡村灌田及分配水量之方法：因该处地面不大，所灌地亩亦少，其分配法概系顺流而灌，若遇特别大旱则议定时间灌溉之，不问地之灌完与否，惟以时间为定。

重修或岁修时期及用款概数与来源：重修无定期，每遇灌地时节，该渠有破坏之处，由该处灌田之农民联合修补，间有用款处，亦由各该农民担任之。

2. 渠道名称：中渠

创修时期及所有权：明时知州李廷宝始开，为阿姑社及寺沟、中北南三堡所公有。

渠道管理方法及渠董姓名、灌溉区域内之总面积（亩）：渠董（本渠名渠总）以本区农民轮流充当，其管理法由渠董招集各村农民淘渠、□埝及修筑事项。灌田总面积为三百二十余亩。

灌溉区域内之乡村名称及人口约数：为阿姑社及寺沟，中北南三堡，人口共约二千九百余口。

各乡村灌田及分配水量之方法：水量按旬分配，每村各依议□□□。

重修或岁修时期及用款概数与来源：每岁春初，定修一次，倘遇暴雨猛水冲决时，得临时重修之，由需水各农家拨工修筑并无费款可言。

3. 渠道名称：甘渠

创修时期及所有权：创于明代知州李廷宝，为该社及寺沟，三堡并阴家河、崔家坡公有。

渠道管理方法及渠董姓名、灌溉区域内之总面积（亩）：由灌溉区域内之农民共同管理，未有董事专人之设，可共灌田约七百五十亩。

灌溉区域内之乡村名称及人口约数：为阿姑社及寺沟，中北南三堡并阴家河、崔家坡二堡，其人数共约二千余口。

各乡村灌田及分配水量之方法：议定时期，由上而下，依次轮流灌溉。

重修或岁修时期及用款概数与来源：于每年春间例修一次，如遇大水或暴雨冲决时得临时修补之，修筑时由所分派各需水之农家担负，工程无费款之可言。

4. 渠道名称：义渠

创修时期及所有权：创于明代中叶，为寺沟三堡宋、任、刘、李各户及阴家河阴户、杨家河杨户所有权。

渠道管理方法及渠董姓名、灌溉区域内之总面积（亩）：由需水各该村农轮流管理，无董事专人之设，其区域内之面积约八百余亩。

灌溉区域内之乡村名称及人口约数：寺沟、中北南三堡及阴家和杨家河之居民共约三千余口。

各乡村灌田及分配水量之方法：该渠共分十三小甲，于每岁□□□，阴家河三日，寺沟南堡五日，中北堡宋户一日，共十三昼夜，如此周而复始，轮流灌溉之。

重修或岁修时期及用款概数与来源：每岁春初重修一次，若遇暴水冲决时，归临时修补之。

5. 渠道名称：通涧渠（亦名水磨渠）

创修时期及所有权：创修时期不可考，为杨家河、方巷口、王家崖、新城堡、刘家河等村所有权。

渠道管理方法及渠董姓名、灌溉区域内之总面积（亩）：公推渠长一人，以资经理，任期无定，在其人之才能胜任与否，如才不胜任，可与最短任期中更换之，否则亦可长期充当，灌溉总面积约六百余亩。

灌溉区域内之乡村名称及人口约数：杨家河、方巷口、王家、崔新城堡、北堡、石人堡，人口共约二千余口。

各乡村灌田及分配水量之方法：议有定时，依次而灌溉，如此轮流周转。

重修或岁修时期及用款概数与来源：如有破坏之处，由各需水之农民临时拨工修理，并无费款各情形。

6. 渠道名称：通城渠

创修时期及所有权：创始于金元代，至明代知州华子范复开，今仍其旧。

渠道管理方法及渠董姓名、灌溉区域内之总面积（亩）：由各该需水之家，轮流经理，无专人管理之设，共可灌田约八百余亩。

灌溉区域内之乡村名称及人口约数：杨家庄、邹家崖、阴家河、仙洞、槐林堡、北关等处，人口共约一千五百口。

各乡村灌田及分配水量之方法：上流之田先浇，其次后灌，余次类推。

重修或岁修时期及用款概数与来源：倘无暴雨猛水冲决各情形即无重修之处，如遇修筑事宜发生时，得由各需水之农民拨工修做，亦无用款之必需。

7. 渠道名称：一门渠

创修时期及所有权：渠久失考，新城堡、唐北堡、石人堡及开家坡公有。

渠道管理方法及渠董姓名、灌溉区域内之总面积（亩）：由各该需水之农家轮流管理，无董事专人之设，可共灌田约三百余亩。

灌溉区域内之乡村名称及人口约数：新城堡、唐北堡、石人堡、开家坡，共约一千余口。

各乡村灌田及分配水量之方法：上渠之地先浇，下渠之田后灌，如此周而复始，轮流灌溉。

重修或岁修时期及用款概数与来源：除遇暴雨猛水冲决，临时由各需水之农夫拨工修筑外，无重修或岁修之定期，亦无用款之处。

8. 渠道名称：西河底渠

创修时期及所有权：代远年湮，无从考起，为方巷口、瞿仙洞及县城北之西北各需水之农家所有权。

渠道管理方法及渠董姓名、灌溉区域内之总面积（亩）：由各需水之家轮流经管，原无董事专人之设，其灌溉区域内之总面积约五百余亩。

灌溉区域内之乡村名称及人口约数：崔仙洞、方巷口及县城北之西北各需水之家，共约一千三百余口。

各乡村灌田及分配水量之方法：议有定期，上轮下次。

重修或岁修时期及用款概数与来源：修筑并无定期，如遇冲决破坏时，得由各需水之农民拨工修补，故无用款之处。

9. 渠道名称：顺城渠

创修时期及所有权：创始于清咸丰时，为县城内在该渠流域所种田之各农民。

渠道管理方法及渠董姓名、灌溉区域内之总面积（亩）：由灌田之各农家推举渠长二人，每年更换一次，无管理专人之设，其灌溉区域之总面积约百二十余亩。

灌溉区域内之乡村名称及人口约数：城内东北街，人口约二百八十余口。

各乡村灌田及分配水量之方法：依次西灌溉，周而复始，余无他法。

重修或岁修时期及用款概数与来源：同退滩渠。

10. 渠道名称：二渠

创修时期及所有权：创于清咸丰时代，为城内在该渠两旁种田各农民及坡头河东各堡公有。

渠道管理方法及渠董姓名、灌溉区域内之总面积（亩）：由灌田之各农民推举渠长二人，每年以易，并无定名，亦无经理专员之设，其灌溉区域内之面积约百余亩。

灌溉区域内之乡村名称及人口约数：城内农民及坡头河东等堡，人口约二百余口。

各乡村灌田及分配水量之方法：上轮下次，余无他法。

重修或岁修时期及用款概数与来源：同退滩渠。

11. 渠道名称：退滩渠

创修时期及所有权：明成化时知州邓真所开，现为城内及河东堡农民公有。

渠道管理方法及渠董姓名、灌溉区域内之总面积（亩）：每年由需水之农民公举渠长二人，专理其事，未有管理专员之设，所灌区域内之总面积约四百余亩。

灌溉区域内之乡村名称及人口约数：城内及河东堡等，人口约一千二百余口。

各乡村灌田及分配水量之方法：上轮下次，再无别法。

重修或岁修时期及用款概数与来源：于每年春季初，由该渠灌溉田地之各农民拨工淘渠修一次，无用款之必要，亦再无修筑之定期，倘遇暴水或其他故冲坏渠岸时，即于临时仍由各灌田之农民修补之。

资料来源：《陕西水利月刊》1935年第三卷第五期

附录二　民国陕西水利纠纷
案件处理情形

1. 流域：渭河

县别：长安

案由：水塞村与徐家塞村民人因争渠道涉讼一案

发生原因：长安县水塞村与徐家塞村民，藉潏河之水开渠灌田，水塞村在上游开渠，有碍下游徐家塞村之水量，致因填塞渠道。在县署涉讼数年，酿成命案，七年五月间，水塞村民人又因疏通渠道屡被阻塞，呈控徐家塞村民徐永睦等于水利局。

发生时期：民国七年（1918）五月

处理经过：此案两造争执，徐家塞以水不敷用为词，水塞村以河水系天然之利不能一村独霸为词。前水利局一再派员勘验并测量水量后，当按该河情形权衡两方利害，拟定解决办法四事端，规定水塞村开渠设闸随时封闭，徐家塞渠水超过雨水合宜时八寸六分之半度时方准，水塞村开堰如遇天旱水减，即令水塞村封堰。先由徐家塞村灌溉后，余水再准水塞村灌溉。因水塞村尚有泉可以接济，如此解决，则水塞村平时既得灌溉之利，徐家塞村天旱时亦无缺乏之虞。嗣后奉省公署令，以此案蔓讼数年，酿成人命巨案，业经前省长令长安县督同保约原被人等，勒令水塞村填塞新渠，以杜争端。在案饬仍遵旧案，以息讼案，当由前水利局批饬各安本业毋再缠讼矣。

备考：此案系由前水利局处理

2. 流域：渭河

县别：长安

案由：降南村民冯克让等，呈控大村民人刘团团等阻断水路一案

发生原因：长安西南降南村西边，旧由西南流经东北之高河，一道两举，引水灌溉稻田。河之上流，东有红崖堰，西有草滩萧家堰，下流东有陈家堰，西有新堰。新堰居陈家堰之上流，此渠灌地为大村，陈家堰灌溉之地则为降南村，历年灌溉相安无事。十一年夏，天旱乏雨，大村民人强用石块筑垒于新堰之北，致阻断陈家堰水源，降南村民因不能得水灌溉，呈控大村民众于前水利局请勘验究辨。

发生时期：民国十一年（1922）七月

处理经过：前水利局据呈复，当即派员驰赴各该村勘验水道经流情形。勘验结果认为，非设水利工会不能公平分水，永息争端。当令饬该河道草滩堰、红崖堰、萧家堰、新堰、陈家堰，各堰首合立水利工会，由会长、会员嗣后公平分水，以溥水利而息争端。长安县当遵照派员前往，召集各该堰堰首督同，依法将水利工会组织成立，并选定正副会长暨职员等，依法公平管理各该堰水利事宜矣。

备考：此案系由前陕西省水利局处理

3. 流域：渭河

县别：长安

案由：毛窖村与刘村乡民因填渠毁堰互讼一案

发生原因：长安镇东南乡刘村附近，原有古渠一道，由东而西引潏水以灌田。上流溉毛窖园村之田地，下流溉留村之田。十一年七月间，毛窖村民毛举荫等呈控刘村民人魏交广等，率众横行填减渠道，请仍准照旧灌田，而刘村渠乡约石登益等，复呈控毛窖园村民毛牛等，毁堰减绝下流，恳请作主法究。

发生时期：民国十一年（1922）七月

处理经过：十一年七月，处初据毛举荫等，呈控渠西魏家巷魏文广等率众填渠，请求核办。当经前水利局派员督同长安县保卫团局，召集该两造人等，并仓绅王懋昭，公平处息具结，已呈明省府核销，在案施于十一年八月间。后据刘村水渠三分，乡约石登益等以乘间毁堰减绝下流等情，禀控毛窖园村民毛牛、毛虎。前水利局以此案与前渠水之争，究否系属一事，非委员躬亲复勘不足以明真相。当派员会同长安县，驰往该处详细勘验。当据勘得该处刘村庙中原有该渠碑记二座，一系雍正十三年勒石，一系道光三十年竖立。查雍正十三年碑文，准上流人赵鹤灌水田三亩八分，旱地六亩有奇，并云毛、杨、吴、李四姓，亦系旱地本不应浇，乃其渠水经过，既与赵鹤等同。自应依旧浇灌，以偿渠占之地，庶无陪粮之累等语。是旧日准毛窖园村人灌近渠旱地之证碑。文又云，至于私间支

渠引浇远处旱地情理，既属不平争讼，自是难息，若仅堵塞渠
口，尤非永断葛藤之法，应领通渠平毁永不开引等语。是刘村
人应填减毛窖园村子渠之证。及道光十三年，碑文亦遵古规。
现毛窖园村人欲引灌远田，恐旧子渠不能常开，既控刘村填减
渠道，是忘其碑文准私开子渠而自矛盾。刘村人欲挟勒毛窖园
村，不许灌田及控毛窖园村乘间毁堰堵灌，无稻粮之旱地等
情，是忘碑文。毛、杨、吴、李四姓亦系旱地，自应依旧浇
灌，以偿渠占之地等语。前水利局于查勘明确后，当即会同长
安县查照旧日碑文规定，分别处息矣。

备考：此案系由前陕西水利局处理

4. 流域：渭河

县别：长安

案由：徐家塞村徐永睦等，复控水塞村李天吉等强开新渠
妨害水利一案。

发生原因：长安县东南乡徐家塞村民徐永睦等，以该处滴
河上流水家塞村强开新渠，截断该村灌溉水源，请求查验
核办。

发生时期：民国十一年（1922）七月

处理经过：查此案徐家塞以开堰口，妨害水利，自民四以
来争持至今，蔓延十载。其间两村废命耗财，终未能彻底解
决。此次兴讼后，水利局为谋永息争端，当先派员查勘后，认
为非由该两村各推长安公正绅者，熟悉该河渠之情形者，秉公
办理，不能根本解决。当先呈请省长核准，继即令饬长安县邀
集公正耆绅数人，秉公裁处尚洽。水塞村迁移渠口地点，并为

妥拟堰规，情理持平，由长安县迅予判定，勒令执行，以期永久相安矣。

备考：此案系由前陕西省水利局处理

5. 流域：渭河

县别：长安

案由：候驾坪民人王振瀛以无理要求组织渠道等情，呈控彭村李茂娃一案。

发生原因：长安县鸣犊仓候驾坪村民王振瀛，其家于清乾隆嘉庆间，曾独立开渠灌田，计从该村南边之彭村起，至该村南边止，所有经过渠路，均有段落亩数清册。渠路所占地亩，或系由该民家典买，或系出租，并有典买字样暨送租钱花名清单可证。久历年所并无异言。十一年四月间，彭村李茂娃因伊在渠岸旁边有地一段，该地毗连渠路经过之处，伊所有即强行渠不准水行，曾经当地民团派丁饬排，幸暂无事。十二年间，复滋扰阻挠，该民当据情恳祈验究。

发生时期：民国十二年（1923）八月

处理经过：水利局据呈复，当派员会同长安镇农会会长，前往该处勘验确情，就地协商处息。当据报告勘得王振瀛渠路，因在李茂娃地亩，估计地二分有余。但调阅王振瀛嘉庆时开渠清册，此次李茂娃争执点系王姓之旧渠路二分六厘，并有道光时有李姓陆续当来，渠路契三纸数目合算相符，而李茂娃亦持出地契三张，查其年月乃同治时，由李姓买来，契内亦未声明渠路在内在外，字样中间相距数十年，王振瀛当李姓渠路时，此地尚未到李茂娃。王振瀛应给租，决然无疑。当由该员

等就两造契据年月相差处，及从未给租理由，再三解释，会同
该村乡约等已公平处息了案矣。

备考：此案系由前陕西省水利局处理

6. 流域：渭河

县别：长安

案由：长安县黑李村与蓝田县新街镇村民，以壩渠纠葛，
凶殴互讼一案。

发生原因：壩河自长、蓝两县之黑李村、新街镇一带，由
东向西而流。北有红河南流入壩，红河之东，壩河北岸，有一
渠口引壩水西流，经过红河并导之西向。渠身较大，再西复分
为二，小渠用以灌田，大渠经过地点属张家斜及黑李村，小渠
偏南者，为黑李村之私渠，村偏北者为新街镇之私渠。民国十
二年间，该村镇未能同力挑修大渠，兴讼，经前水利局判令该
村镇仍遵照旧规引水灌田。黑李村用水五分之三，新街镇用水
五分之二，均各认可。十三年四月间，复以霸渠行凶等互讼。

发生时期：民国十三年（1924）四月

处理经过：按黑李村与新街镇互控之交点，黑李村谓新街
镇每年应给地租二十三缗，以陪价该村挑修大渠时之损失，但
自民元至今未见分文，新街镇则谓光绪二十九年，经咸宁、蓝
田两县判决，曾给过黑李村一次买地钱二十缗，决不认每年给
钱之事。争持各不相上下，而旧案纷失，又无确据，致互寻隙
成仇，两县不能判决。前水利局为图根本解决息事计，特议由
长、蓝两县长筹费百余元，从新买定。此间大渠经过之张家
斜、黑李村之地，为两造官渠，非该村镇民人所得私有。每年

令两造同修官渠，黑李村照旧用五分之三，新街镇用五分之二，永斩东滩渠之争讼。至西滩壩河北岸，新街镇西渠一道，黑李村既不承认刨毁新街镇西渠，宜令长、蓝两县，饬知该村镇人民各具切结，同认定新街镇西渠口引水之地点，黑李村以后不准阻止引水，新街镇以后不得挑过现时引水渠道，当先呈督省两署核定，即委员会同长安、蓝田两县妥速办理矣。

备考：此案系由前陕西省水利局处理

7. 流域：渭河

县别：长安

案由：长安县东南乡鸣犊镇桥镇头村因争水互控案

发生原因：长安县鸣犊镇之南，有由大峪口东通天观珍珠众发源之清水河一道，北流经马嘶坡村、沈家村、圪塔子村、杨家湾村，至桥头村南折向东流入库峪河。两岸崖势高低不等，水由沟中下流至桥头村出口始能灌田，之间并无堰口。近年上游之马嘶坡村民将沟旁旱地开做稻田，筑堰截水，滴水不能下流，致将桥头村北堰暨上下两堰稻苗旱干。桥头村则以霸水截流控马嘶坡村民，而马嘶坡村民复以越堰揭渠控桥头村民。

发生时期：民国十三年（1924）七月

处理经过：前水利局据呈复，当派委员会同长安县前往该地勘察，并根据粮契逐细查明。当据查悉马嘶坡村之地前系旱地，近十余年逐渐开成稻田，稽诸粮契，桥头村粮册地契多相符合，马嘶坡粮契弊混叠处。该村民惠水章等竟敢霸水截流，殴毙人命，致令桥头村栽种之稻大半枯槁，若不从严究办，无以惩刁恶而儆效尤。当由前水利局拟定处理办法，决定先将马嘶坡民霸截桥头村溉田之水，逐年开成稻田者，一律取消为旱田，并责令赔偿现年桥头村稻田损失之费，庶马嘶坡村民惠永章等多年之健讼不敢再为，逞刁于上项办法。拟定后当先呈请省长核准，继即令饬长安镇遵照依限执行以息争端矣。

备考：此案系由前陕西省水利局处理

8. 流域：渭河

县别：长安

案由：长安县东部乡史家村史邦用等，以强暴胁迫侵占水权等情，呈控湾子村王月娃等一家。

发生原因：长安县东乡史家坡南头，古有东西沟一条，名曰史家沟，内有泉水一股流出灌田，史家坡、康家坡两村处于上游，高原湾子村、神鹿坊则居下流平原，泉水灌溉多年四村之地，用水分为四份，每年一份水占一日夜。十七年因旱干争水，史家坡、康家坡、神鹿原等村，则谓该水分为四份，史家坡旧三份，康家坡、神鹿坊各占一份，并未有湾子村应分之水，而湾子村民则谓该泉之水旧分四份灌溉，四村四亩，各执一词，互控于前水利局。

发生时期：民国十七年（1928）八月

处理经过：前水利局审核两造来呈，于派员亲赴各该村查勘后，当以既同称水分四份，灌溉多年，决不能使此向隅致滋蔓讼，当规定史家坡、康家坡、神鹿坊、湾子村四份分水，订立规则，公推村首轮流管理暨平均分认水粮各办法，令饬长安县长遵照执行，分饬各该村民众具结立案以期水断纠纷。

备考：此案系由前陕西省水利局处理

9. 流域：渭河

县别：长安

案由：长安镇南乡魏家河村民魏原尽等，以开渠营私遗害他人，禀控香积寺民人周希凤等一案。

发生原因：长安县南乡距城三十里之香积寺堡，南滨潏水，发源于南山之石□峪，经王曲而至贾里村以及香积寺，西流归入沣水。十八年三月间，香积寺村民周希凤等，特拟自潏水南岸魏家河之南建子河入潏迤西，另浚一渠引水，西流以灌该村稻田，特呈请建设厅勘验后，以该民拟开之渠尚无窒碍，当准立案。后旋复据魏家河村民魏原尽等呈，称以潏河建子河源地甚高，水流湍急，时有泛滥，今香积寺从二河会口开渠，适当水流之冲，一入夏季则沿河魏家渠一带之地必遭淹没，请求取消香积寺开渠原案，以息讼事。又据杜永村民郝志廉等称，以该村与魏家河、香积寺俱住潏河之北滨，各有稻田，魏家河居上，该村居中，香积寺最次，香积寺于该渠之上，另开新渠，则截断该村水路，请派员秉公查办以息争端。

发生时期：民国十八年（1929）三月

处理经过：建设厅据呈，复当令饬长安县建设局长前往各该村，会同双方首事人等，实地勘验，秉公处理查复，当据报称该局长即亲往详密查勘，在魏家河一方系因建子河水势甚大，如由河口开渠天雨必行泛滥，在杜水村以伊村渠水亦赖潏水，香积寺另开之渠口，距该村渠口甚近，将来势必分水，持之均各有故。该局长当经在该河上游乡，度地势一再踏勘，始筹得一两无防害之法。着香积寺将原定开渠计划稍为变更，将渠口向东迁移，改凿于建子河东五丈以外，以防建子河泛滥，并避开杜永河之水路，以期三方兼顾。至所占地亩，水田每亩持出洋百元，旱田每亩持出洋五十元，以作地价购买开渠。至损偿禾苗，每亩以青稞一石或麦子八斗。为之新开之渠口，香积寺并应勤加修筑，天雨即为堵塞，以免积于渠口，立碑作纪，以免西迁。所灌地亩暂以魏家河做成者七十一亩二分为限，非经县府允许，不得私自添水，用过有余时，可即开渠，防水归河，以免顾此失彼。经该局长将上项处分办法宣布于各该村，首事人等均甘愿遵从，并分签名具结，当由该局长将上项办法分别呈报备案外，并令三村各执一张以资永远遵守。

备考：此案系由前陕西省水利局处理

10. 流域：渭河

县别：临潼县、渭南县

案由：临潼县零口镇寇家村冠彦文等，与渭南县灵阳张义村代表杨永仁等，以开凿零河渠道互控案。

发生原因：临潼县零口镇寇家村东，旧有零河一道，发源于蓝田县，入临潼境由零口镇经寇家村至渭南县之张义村，北入渭河。临潼之冠家村与渭属之张义村均藉此水灌田。十三年四月间，因渭南张义村另开新渠，侵占寇家地亩，致起争端，互控于前水利局。

发生时期：民国十三年（1924）六月

处理经过：前水利局据呈并奉省长，令饬会同关中道派员往会临、渭两县知事，亲复详勘拟办核夺等，因当会同关中道尹派员前往会勘结果。得悉临潼寇村三社，在零河西岸万善桥南开渠灌地，始于清同光年间。渭南张义村借寇村零河东岸桥北之地开渠引水，始于光绪庚子。至民国五年，张义村在桥南临潼新庄地内另开新渠，占用寇村地亩，致两造起争，陈前省长派委会同临、渭两县知事查勘诀，立定碑文规定：（一）张义村挖掘新渠占用寇家村地亩应将新渠取消归原主。（二）光绪庚子年，张义村由桥北寇家地内假道开渠引灌，故迹犹存，判令张家村仍由旧渠引水灌田。（三）现在地亩临少渭多，判令寇家村灌一日，张义村灌二日，将来寇家三社冲崩地滩出垦殖时，寇、张两村则各灌一日等。判处极为公允，此次判处为两造持平息争计，当由前水里去与关中道尹会同，拟定两村同用一堰分水日程，仍照民六近案。灌水期间，寇村每月初一日起初十日止，张村初十日起三十日止。迄后寇村滩地若出，禀官勘验后，两造均分一半，各首各程不得私自□逾。堰口地点，则由水利局会同关中道尹勘定。于以上办法决定后，当先呈请省长核准，继即会同勘定适中堰基之寇村渠，为两造公用之渠，已绘图，具折齐请省长令饬临渭两县知事各督各该民遵照依办矣。

备考：此案系由前陕西水利局处理

11. 流域：渭河

县别：盩厔县

案由：盩厔县东乡大庄寨民人刘景和等，以开挖水渠，惩罚横暴等案情，禀诉王尚义一案。

发生原因：盩厔县大庄寨与南淇水堡附近，旧有泉水数眼，附近村民开渠引泉以溉稻田。十八年六月间，大庄寨与南淇水堡村民，因争水斗殴，致伤人命，由大庄寨村民刘景和呈控南淇堡村民王尚义于建设厅。

发生时期：民国十八年（1929）六月

处理经过：建设厅于据呈后，当派员会同盩厔县县长前往大庄寨一带，传集原被双方人等，悉心勘验，妥慎办理，绘图复核去后。当据报告该印委等曾亲赴大庄寨、南淇水堡一带，传集原被双方人等，先将渠口勘验，并以南造稻田数目不确，非实施勘验不能按亩平均分水。当即同两造将稻地丈量清楚，拟定放水规则，按地亩多寡，平均水量，轮流浇灌。大庄寨地居上游，引水较易，规定每年放水二昼夜（计二十四个时辰），水无行程□延。南淇水堡地在下游，引水费力，规定每次放水二昼夜又两个时辰，计二十六个时辰，加水之行程两个时辰，共计二昼夜零四个时辰。计大庄村每月灌溉六次，每次二昼夜共计十二昼夜，南淇水堡每月灌溉六次，每次二昼夜又四个时辰，共十四昼夜，按旧历轮流灌溉。每月初十、二十等日午时，南淇水堡放水截止，大庄寨初一、十一、二十一等日，卯时放水，未到以之余量，定为附近六家村放水时期，以期利益均沾。逢小建月则挨次顺数灌溉，嗣后水势增大，顺渠下注，不准对下游截断，以推广水利并建立碑记以垂久远。至伤害命案等事，则由县依法办理，当由该印委传集两造当庭宣布解决办法，双方均允服并饬各具切结了案等情形，当并经由建设厅饬该县长妥予执行并将处理过情形呈报省政府备查在案。

备考：此案系由陕西省建设厅处理

12. 流域：渭河

县别：蓝田县

案由：蓝田县兀家崖村民与薛家河村民因争华山沟水互控一案

发生原因：蓝田县之华山沟水，发源于骊山，有东西二源，合流入沟，南下与灞水会。西源水量过小，能引水灌溉者惟恃东源，兀家崖村在沟西，距山最近，引水堰口在最上游，其下为宋家庙堰口，最下游为薛家河村堰口。宋、薛两村皆在沟东，薛家河村距灞水最近，平时恃灞水之利，兀家崖村向承纳水粮，引此沟东源开渠灌稻田数十亩，共计水旱地四百余亩。有老渠，年无论旱潦均用此水源，前宋家庙村、薛家河村，在旱荒时亦尝修堰开渠，与兀家崖写立借用华山沟水契据，声明不用时，平渠表示还水。薛家河村现有水田百余亩，平时恃有灞水可灌，对于华山沟水之占有权，因昔年渠池中崩而放弃，遇旱则争占用。前清光绪三年大荒，买地一亩五分，藉以开作渠道，因是与兀家崖村累此争水互诉交殴，遂成世仇民。国十七年亢旱，十月间薛家人薛铭汉向兀村商榷借水，兀村人民勒本补写借水字据，并令写明种麦后平渠还水等字样。薛家河村自往搬堰毁渠，彼此发生械斗控。经蓝田县沈县长讯明，令其浇地种麦之后，即速平渠还水，薛家河村迄不遵行，驯致互殴，酿成命案，延至十八年三月互诉至建设厅。

发生时期：民国十八年（1929）三月

处理经过：建设厅于受理此案后，曾迭次委派贾盛义、管纯、郝逢泰三员，先后勘查，会同该县长议复。据贾委员呈复，水量无多，为息争计，拟将华山沟水划分，排日轮流。经建厅指令驳斥，续派委员实地测验。据称水量每一日夜灌稻田三十二亩余，议仍旧贯，以借水办法为是。据郝委员声称，每日水量可浇麦地一百二十九亩余，拟具四六成水分期办法。兀家崖村独占六成，宋、薛二村共占四成，作为十天轮流。于四成之宋村浇三天，薛村浇七天。建设厅依据郝委员、董县长会呈分水办法，令县遵照执行迄未据。复旋于二十年三月间，奉省政府令以据蓝田县兀家崖村兀公正等，呈恳委员复勘，原定分水办法是否合法一案，当派委技佐、常均前往，会同该县县长详细复勘。会拟复夺去后，当据略称，检阅历年卷宗，薛家河村系在天道旱亢时，姑行开渠，借引华山沟之水一用，原为临时补救荒灾于万一，平时实无引用华山沟水灌溉旱田之必要。特经该印委等，参照陕西水利通则，依拟据地方习惯情形，拟具荒年借水办法八条规定。若遇天道亢旱时，该沟之水兀薛等村平均使用，在兀家崖则回复其占有华山沟水之主权，且使该村平时稻田不至变焉旱地。在薛家河则于荒旱期间，得享受平均水量，充分使用水利之实惠，按之起初械斗以及争讼之本意适相符合，而宋家庙亦享有相当之水利，不至向隅各等情。建设厅当经详核所拟荒年借水办法，事属公允可行，当呈奉省政府提经政务会议决议通过，已于十二年四月由厅令饬蓝田县县长遵照执行。勒令薛家河村平渠还水，并将前定四六分水办法是被毁销，以杜蔓讼而息争端。

备考：

13. 流域：渭河

县别：富平县

案由：富平县怀德渠渠绅焦生俊等，呈诉仇百海等久霸水利致干麦苗一案。

发生原因：富平县北门外迤西五里许，有泉名曰温泉河，旧日引水开一渠道，名为怀德渠，分上下两游，各有水能灌之地九顷，共地十八顷，定夫一百八十名，设有张、焦二渠长管理，有碑记、县志可考。开渠之初，顺渠以南低处能灌，各地按亩承纳金粮，共沾水利。此外靠渠两岸各地，有离渠较远者，有地势稍高者，均系轻粮不能灌地。近年靠渠两岸人民，各将其地依地势高低，开成水田。初因水量过大，下游疏未注意，而上游于开成之水田内，尽种稻麻，不时浇灌，又将近城之地，全数种菜，致下游未能按时得水灌溉，遂起诉讼。

发生时期：民国十八年（1929）六月

处理经过：十八年六月间，建设局据富平县怀德渠渠绅等，控诉仇百海久霸水利，并奉省政府令，以据该民等呈，同前由一案饬，即会同民厅派员详查复夺等，因当令委姚文田驰赴富平县，协同该县县长前往怀德渠一带，传集原被双方，悉心勘验渠后，当据该委员县长会呈拟判永久临时办法二则：（一）拟采该渠旧规，上游不准沤麻种藕浇例外，旱田及放余水入河。关于妨害下游之水利者，一律禁除，倘有违犯，罚洋二百元作修理渠道之费。禁令既严，仍照惯例，上流下接水量平均，铲除障碍，考旧规以垂新制，示永久用息争端。（二）

现在雨后上下游均已种秋，久旱土干，下游又复久未接水，土质愈燥，时盼润苗，拟定废历，六月内上下游按单双日，各占水半月轮浇，同保禾苗，共谋收获，并制止上游灌溉菜田，俟废历六月末日为止。接用永久办法，两议宣告群□服。而该委员县长等又复拟定补充办法三则：（一）谕令上下游，各绘渠身、渠田部位图两份，说明田主姓名、亩数、植物名称，呈县发建设局长，每月务必按图亲查两次，如有违犯规，呈县罚洋作疏浚渠道之费。（二）由县长先行布告上下游民渠一体遵照。（三）由县长令饬建设局长，查勘渠源泉眼，集上下游民夫，设法疏浚，冀增水量。以上各项办法，经宣告后，该上下游渠长等均已悦从遵判具结，请予销案，到厅当已由民建两厅，会令该县遵照办法并呈复省府备查矣。

备考：此案系由陕西省建设厅处理

14. 流域：渭河

县别：盩厔县、鄠县

案由：盩厔县曹村所与鄠县罗什操，两处民人互争涝河水利一案。

发生原因：涝河源出鄠属秦岭之晋峪，流行山峡中五十余里之鄠属之来家坡，为盩、鄠交界，再二十余里至盩厔过风楼，以下西涝峪口，出峡高，下三原县界，天然下流一二里，至原下河滩，属鄠之下涧子、水磨头及原上盩厔属之新兴堡、富村窑为界止，再下则入鄠境，经水磨头、龙家寨、斑竹园等十九村，而达鄠县西关外，复西北流经六老、安涝店、祈村三十余里，至宾兴滩入渭。计盩厔接壤在山峡中者二十余里，出峡后仅一二里，沿河居民处于河滩者多鄠民，高原之处则为盩民河滩居民。沙砾土地，除引水灌溉外，饮水亦多涝水是赖。十八年十一月间，因亢旱缺水，盩屋县曹村所人民，于涝河上游凿渠灌田，致于鄠县罗什、燥水、磨头村民因争水互控械斗成讼。

发生时期：民国十八年（1929）十一月

处理经过：此案于发生之初，建设厅即一再分令盩、鄠两县县长，勘拟办复夺。迄未据会衔呈报，而分呈查勘情形，两县各执一词，殊难凭信。当又派委员郝逢泰驰赴盩、鄠两县，协同各该县县长前往涝河一带实地勘验，秉公拟办复夺，并传集两造首事，带厅面谕去后，当据该委员将涝河经流地势详细情形并酌拟办法。拟令盩民取消新渠，另于过风楼、西涝峪之间相度地势，另凿新渠，以资灌田。令鄠民少让泉源，并不得把持涝河全量，新渠引水不得超过十分之一，以免向隅而息争端。并令盩民于过风楼地开渠时，应先组织水利会，另订章则，筹定的款由县转，应核准后方许动工等情。建以该员调查各节，尚属详尽，所拟办法亦极妥善，当先呈请省政府核准，继即布告，并令盩、鄠两县长遵照执行。并饬会同将布告原文，刊石立于过风楼地方，以垂永久。旋于二十一年七月间，复据鄠县县长赵葆真，呈为该县水磨头村民齐永元等以违判破例，强开渠道，呈控盩屋县曹村所、富村窑堡民张思恭等，请制止到厅。又据盩屋县长王文伯，呈为该县曹村所绅民张思恭等，禀拟续修涝渠，请派员监修。并据盩屋系曹村所绅民张敬庵等，呈为涝河渠工告竣，请建设厅派员分水各等情同事到厅。建厅并案详核，以词出两歧，盩屋县曹村所绅民张思恭等开之新渠，是否遵照前案，适在过风楼、西涝峪之间，抑或令在他地开渠之处，无从悬揣。复奉省令，以据鄠县县长呈同前案，饬即派员彻查拟办，并奉令以十九年二月前建设厅处理该两县（中间缺页）。渠平行至三里堡、六庄附近，折而北行，经盩属新城村之北而下，既非遵照前案，适在过风楼与涝峪之间，又未组织协会，妥定章则，筹定之欤。呈经核准该员，又以前案所定办法，既未引用水利法规，又非按照水利学原理，似觉不甚使用，特斟酌实际情形，暨涝河上下利害状况，拟定解决此案三项办法如次：（一）准盩民开渠，并准用此次开凿之渠口、渠身，惟盩渠不准与鄠渠相交，或借用鄠渠一部分而共用之。（二）在鄠渠口上游，盩渠口下游，筑普通拦河石堰，此堰永归盩民修筑。在此堰身留一口门，此口门之尺度，必须使通过口门之流量与鄠渠所需流量相等。（三）盩渠口渠底之高度，必须与堰身所留口门之高度相等。案如此办理，若涝河水量供鄠而有余水，面自必升高，超过口门上缘，余水必顺流而入盩渠，若水量恰足，鄠用则水面必与口门之上缘相齐，即与盩渠口渠底之高度相等，不能流入盩渠，若水量不足，鄠用时水面更低，更无入盩渠之可能等情。呈报到厅，适省水利局已正式组织成立建设厅，当将该员查勘情形，转咨水利局，由局呈请省政府核示。旋奉指令，以所拟修堰留口开渠等办法颇多窒碍难行，在理论上预为悬揣，恐与事实仍未适合。此案先决问题，在确知鄠渠溉地所需水量暨涝河流量，与鄠渠充分供用后平均余水□何，所余水分溉稻麦水值若干亩，是否足敷盩渠现溉之用，在若干年内不致变迁酿事，均应详测估计，且既日引用余水，自不能贪图，所增致损旧利。饬由局再派妥员，切实测勘，拟具较善办法，详核复夺等因，当由局复委张嘉瑞前往勘测，拟具解决此案，再详细测各点如次：（一）涝河横断面及洪水位水面倾斜度。（二）涝河最大及最小流量并咨访每年河水涨落时期。（三）涝水流入鄠渠量及入沙量。（四）鄠渠横断面及倾斜度。（五）鄠渠最大及最小流量。（六）鄠渠灌溉可能最大面积及已灌最大最小面积并各时期。（七）测鄠渠上口一带地形图。将鳌渠口包括在内等七项。当由局训令鳌、鄠两县长，饬即会同遴派妥员，分别详查具复去后，迄二十三年终尚未具查复到局。

备考：此案系先后陕西省建设厅与陕西水利局处理

15. 流域：渭河

县别：三原县

案由：三原县八复渠代表王虚白等，为截霸卖水，放水城壕下游四里，水池不得水惠，呈控来成林、门生才及余松柏等一案。

发生原因：三原县北旧有清河，原分五渠，曰毛坊、工进、源澄、下五、沐涨，下五之尾为八复，游身七十余里之遥，经鲁桥而过东里，因路远水微，赋重咎（？）少，与四渠开闭日期有别，八复开而各渠闭。民国以来，鲁桥东里，时有土劣屡次截放于城壕，致下游所种水田不得水惠。二十一年秋种麦后，天旱不雨，三原东里堡附近，周永秀、来成林、门生才等串通无赖余松柏，屡将渠水放入东里城壕，致下游八复渠不能得水灌溉。三原县八复渠代表王虚白等，遂据情呈控于省政府暨水利局请严究施行。

发生时期：民国二十二年三月

处理经过：水利局据呈并奉省令饬查后，当令饬渭北水利工程处派员会同三原县长切实妥为查办具复去后。旋据三原县长会同渭北水利工程处委员姚文田呈，称于二十二年十月十六日，传齐本案原被两造人等，详细审讯，得军字区一分乡长李芝蕙及八复渠西六诸代表刘文彬等，当水案接续发生，身为官人，亟应主持公道，以息争端。乃既不能双方调解，又复从中播弄，殊属非是。判令限半月内，将东里堡一段渠道督修完竣后，以示薄惩。又讯得余松柏、来成林、周福田、郭寿荣、门生才等供认，屡次截霸盗卖水程不讳，均属罪有应得。依照泾惠渠临时灌溉章程十九条，应罚门生才洋十元余，各罚洋十五元，以补修渠之需藉，儆以后效尤。此判两造悉遵，并取具甘结，将会审情形呈复，并请销案。前来水利局当以讯结各节，尚无不合，已准销案，并转呈省政府备查矣。

资料来源：《陕西水利月刊》1935 年第三卷第二、三、四期

附录三　民国陕西各河流水利协会一览

石川河水利协会

分会名称：第一分会 成立年月：二五年八月 分会长姓名：钟自立 约计溉地亩数（旧亩）：二十四分会共分一万亩 管辖渠堰：文昌渠

分会名称：第二分会 成立年月：二五年八月 分会长姓名：张实齐 管辖渠堰：实惠渠

分会名称：第三分会 成立年月：二五年八月 分会长姓名：胡碧如 管辖渠堰：东永济渠

分会名称：第四分会 成立年月：二五年八月 分会长姓名：陈建荣 管辖渠堰：永丰渠

分会名称：第五分会 成立年月：二五年八月 分会长姓名：杨振明 管辖渠堰：广济渠

分会名称：第六分会 成立年月：二五年八月 分会长姓名：丁月发 管辖渠堰：溢水渠

分会名称：第七分会 成立年月：二五年八月 分会长姓名：周季涵 管辖渠堰：千年渠

分会名称：第八分会 成立年月：二五年八月 分会长姓名：郝　盈 管辖渠堰：永润渠

分会名称：第九分会 成立年月：二五年八月 分会长姓名：刘作庭 管辖渠堰：永昌渠

分会名称：第十分会 成立年月：二五年八月 分会长姓名：贾邦俊 管辖渠堰：石水渠

分会名称：第十一分会 成立年月：二五年八月 分会长姓名：李庆茂 管辖渠堰：遗爱渠

分会名称：第十二分会 成立年月：二五年八月 分会长姓名：张怀明 管辖渠堰：兴隆渠

分会名称：第十三分会 成立年月：二五年八月 分会长姓名：张成禄 管辖渠堰：永寿渠

分会名称：第十四分会 成立年月：二五年八月 分会长姓名：韩启成 管辖渠堰：永兴渠

分会名称：第十五分会 成立年月：二五年八月 分会长姓名：别子屏 管辖渠堰：西永济渠

分会名称：第十六分会 成立年月：二五年八月 分会长姓名：张树森 管辖渠堰：西渠

分会名称：第十七分会 成立年月：二五年八月 分会长姓名：米选定 管辖渠堰：中渠

分会名称：第十八分会 成立年月：二五年八月 分会长姓名：魏尚志 管辖渠堰：偃武渠

分会名称：第十九分会 成立年月：二五年八月 分会长姓名：李秀江 管辖渠堰：长泽渠

分会名称：第二十分会 成立年月：二五年八月 分会长姓

名：樊帮枢 管辖渠堰：大白马渠

分会名称：第二十一分会 成立年月：二五年八月 分会长姓名：齐福平 管辖渠堰：小白马渠

分会名称：第二十二分会 成立年月：二五年八月 分会长姓名：杨廷吉 管辖渠堰：北杨滩渠

分会名称：第二十三分会 成立年月：二五年八月 分会长姓名：侯玉林 管辖渠堰：侯家滩渠

分会名称：第二十四分会 成立年月：二五年八月 分会长姓名：安轩 管辖渠堰：窑儿上滩渠

浊峪河水利协会

分会名称：第一分会 会址：三原县大程镇 成立年月：二四年三月 分会长姓名：庞芳洲 约计溉地亩数（旧亩）：四分会约共二万亩　管辖渠堰：八复渠十二堵

分会名称：第二分会 会址：三原县康马中堡 成立年月：二四年三月 分会长姓名：王希天 管辖渠堰：通玄下、通玄上、翟家、通玄、苜蓿等堵及翟家渠

分会名称：第三分会 会址：三原西阳镇 成立年月：二四年三月 分会长姓名：惠光华 管辖渠堰：小穆王、大穆王、荐福、蔡家刑等堵

分会名称：第四分会 会址：三原楼底镇 成立年月：二四年三月 分会长姓名：周秉忠 管辖渠堰：白渠堵、马排、下中上长孙、小毛等六堵渠

清峪河水利协会

分会名称：第一分会 会址：三原县大程镇 成立年月：二

四年三月 分会长姓名：庞芳洲 约计溉地亩数（旧亩）：五分会约共五万六千亩　管辖渠堰：八复渠十二堵

分会名称：第二分会 会址：三原县鲁桥镇 成立年月：二四年三月 分会长姓名：孙玉俊 管辖渠堰：五渠张务常三堵

分会名称：第三分会 会址：三原县仙茅菴 成立年月：二四年三月 分会长姓名：孙毓芳 管辖渠堰：沐涨渠

分会名称：第四分会 会址：三原县龙泉寺 成立年月：二四年三月 分会长姓名：毛吉甫 管辖渠堰：源澄渠

分会名称：第五分会 会址：三原县鲁桥镇 成立年月：二四年三月 分会长姓名：赵金福 管辖渠堰：互进渠

沮河水利协会

分会名称：第一分会 会址：耀县刑家坡 成立年月：二五年八月 分会长姓名：刘富财 约计溉地亩数（旧亩）：十分会共约一万亩 管辖渠堰：一门渠

分会名称：第二分会 会址：耀县方巷口 成立年月：二五年八月 分会长姓名：刘占川 管辖渠堰：回涧渠

分会名称：第三分会 会址：耀县寺南堡 成立年月：二五年八月 分会长姓名：李海潮 管辖渠堰：义渠

分会名称：第四分会 会址：耀县崔家坡 成立年月：二五年八月 分会长姓名：崔荣 管辖渠堰：甘渠

分会名称：第五分会 会址：耀县寺北堡 成立年月：二五年八月 分会长姓名：宋廷海 管辖渠堰：中渠

分会名称：第六分会 会址：耀县阿堡社 成立年月：二五年八月 分会长姓名：冯茂义 管辖渠堰：烟雾渠

分会名称：第七分会 会址：耀县城内南街 成立年月：二五年八月 分会长姓名：马明天 管辖渠堰：兴市渠

分会名称：第八分会 会址：耀县城内西街 成立年月：二五年八月 分会长姓名：宋思敏 管辖渠堰：乔家渠

分会名称：第九分会 会址：耀县城内北街 成立年月：二五年八月 分会长姓名：殷维勤 管辖渠堰：西河底渠

分会名称：第十分会 会址：耀县城内北街 成立年月：二五年八月 分会长姓名：杨德盛 管辖渠堰：通城渠

漆河水利协会

分会名称：第一分会 会址：鄠县城内东街 成立年月：二五年八月 分会长姓名：安怀庆 约计溉地亩数（旧亩）：六分会共约五千亩 管辖渠堰：新兴滩渠

分会名称：第二分会 会址：鄠县城内东街 成立年月：二五年八月 分会长姓名：杨茂盛 管辖渠堰：中滩渠

分会名称：第三分会 会址：鄠县城内东门口 成立年月：二五年八月 分会长姓名：李民地 管辖渠堰：顺成渠

分会名称：第四分会 会址：鄠县城内中山街 成立年月：二五年八月 分会长姓名：李汝壁 管辖渠堰：土壕渠

分会名称：第五分会 会址：鄠县城内东街 成立年月：二五年八月 分会长姓名：胡有英 管辖渠堰：下滩渠

分会名称：第六分会 会址：鄠县 成立年月：二五年八月 分会长姓名：杨靖 管辖渠堰：马家滩渠

太平河水利协会

分会名称：第一分会 会址：鄠县楼丹村 成立年月：二五

年十月 分会长姓名：韩稀章 约计溉地亩数（旧亩）：八分会共约一万二千亩 管辖渠堰：金鸡梳头药王等泉渠

分会名称：第二分会 会址：鄠县庞光镇 成立年月：二五年十月 分会长姓名：杨济民 管辖渠堰：化羊谷渠

分会名称：第三分会 会址：鄠县焦将堡 成立年月：二五年十月 分会长姓名：刘文轩 管辖渠堰：王家泉渠

分会名称：第四分会 会址：鄠县黄堆堡 成立年月：二五年十月 分会长姓名：郭成堂 管辖渠堰：没猪泉渠

分会名称：第五分会 会址：鄠县宋村 成立年月：二五年十月 分会长姓名：刘志谦 管辖渠堰：宋村渠

分会名称：第六分会 会址：鄠县太良村 成立年月：二五年十月 分会长姓名：马聚享 管辖渠堰：大良村渠

分会名称：第七分会 会址：鄠县草堂营 成立年月：二五年十月 分会长姓名：黄万泰 管辖渠堰：草堂营渠

分会名称：第八分会 会址：鄠县下草村 成立年月：二五年十月 分会长姓名：阎端初 管辖渠堰：大堰口渠

涝河水利协会

分会名称：第一分会 会址：鄠县曲抱村 成立年月：二五年十月 分会长姓名：石怀章 约计溉地亩数（旧亩）：四分会共约一万五千二百亩 管辖渠堰：白沙胡公二泉渠

分会名称：第二分会 会址：鄠县斑竹园 成立年月：二五年十月 分会长姓名：杨廷章 管辖渠堰：陈家河渠

分会名称：第三分会 会址：鄠县水磨头 成立年月：二五年十月 分会长姓名：张炳 管辖渠堰：小涝河渠

分会名称：第四分会 会址：鄠县白雪山 成立年月：二五年十月 分会长姓名：李秀垣 管辖渠堰：白雪寺渠

苇园池让泉河水利协会

分会名称：第一分会 会址：盩厔县西大坚杜 成立年月：二五年十月 分会长姓名：杨囤吉 约计溉地亩数（旧亩）：三分会共约五千亩 管辖渠堰：苇园让泉雨水会流渠

分会名称：第二分会 会址：盩厔县南洪水村 成立年月：二五年十月 分会长姓名：王斌 管辖渠堰：□□□□渠

分会名称：第三分会 会址：盩厔县寨子堡 成立年月：二五年十月 分会长姓名：霍云俊 管辖渠堰：让泉渠

黑河水利协会

分会名称：第一分会 会址：盩厔县上高村 成立年月：二五年十月 分会长姓名：侣建章 约计溉地亩数（旧亩）：三分会共约一千四百亩 管辖渠堰：焦家泉

分会名称：第二分会 会址：盩厔县北三清店一村 成立年月：二五年十月 分会长姓名：张著明 管辖渠堰：黄家渠

分会名称：第三分会 会址：盩厔县楼耳村 成立年月：二五年十月 分会长姓名：雷振邦 管辖渠堰：方道渠

田峪河水利协会

分会名称：第一分会 会址：盩厔县豆村 成立年月：二五年十月 分会长姓名：尚忠义 约计溉地亩数（旧亩）：三分会共约五千亩 管辖渠堰：豆村泉渠

分会名称：第二分会　会址：盩厔县楼观　成立年月：二五年十月　分会长姓名：侣建章　管辖渠堰：楼观村渠

分会名称：第三分会　会址：盩厔县店子头　成立年月：二五年十月　分会长姓名：金希仁　管辖渠堰：金水阴阳渠

景峪河水利协会

分会名称：第一分会　会址：盩厔县甘砭堡　成立年月：二五年十月　分会长姓名：寇明堂　约计溉地亩数（旧亩）：三分会共约一千亩　管辖渠堰：甘砭渠

分会名称：第二分会　会址：盩厔县千户村　成立年月：二五年十月　分会长姓名：王善　管辖渠堰：千户渠

分会名称：第三分会　会址：盩厔县南集贤村　成立年月：二五年十月　分会长姓名：王遇贤　管辖渠堰：吃水渠

沣河水利协会

分会名称：第一分会　会址：长安县五权联大漂村　成立年月：二五年十一月　分会长姓名：田振杰　约计溉地亩数（旧亩）：三分会共约四千六百亩　管辖渠堰：（未详）

分会名称：第二分会　会址：长安县东留庄　成立年月：二五年十一月　分会长姓名：严克文　管辖渠堰：（未详）

分会名称：第三分会　会址：长安县南石里头　成立年月：二五年十一月　分会长姓名：张裕德　管辖渠堰：（未详）

高冠河水利协会

分会名称：第一分会　会址：长安县东大村　成立年月：二

五年十一月 分会长姓名：李廷桢 约计溉地亩数（旧亩）：三分会共约七百亩 管辖渠堰：（未详）

分会名称：第二分会 会址：长安县西大村 成立年月：二五年十一月 分会长姓名：韩成贞 管辖渠堰：（未详）

分会名称：第三分会 会址：长安县崖头村 成立年月：二五年十一月 分会长姓名：赵廷延 管辖渠堰：（未详）

零河水利协会

分会名称：第一分会 会址：长安县 成立年月：二六年四月 分会长姓名：杨丙戌 约计溉地亩数（旧亩）：二分会溉地未详 管辖渠堰：东渠

分会名称：第二分会 会址：长安县 成立年月：二六年四月 分会长姓名：张芝兰 管辖渠堰：西渠

灞河水利协会

分会名称：第一分会 会址：蓝田县许庙镇小寨村 成立年月：二六年五月 分会长姓名：周遇贤 约计溉地亩数（旧亩）：一千亩 管辖渠堰：小寨、老堰、穆家堰、二道堰、李家、老堰等

分会名称：第二分会 会址：蓝田县潘定村 成立年月：二六年五月 分会长姓名：潘子余 约计溉地亩数（旧亩）：一千二百亩 管辖渠堰：上下湾、潘家、程家、稠家、元巷庙、百废、冯家、褚家等八渠堰

分会名称：第三分会 会址：蓝田县李家沟 成立年月：二六年五月 分会长姓名：李玉珊 约计溉地亩数（旧亩）：四百五

十亩 管辖渠堰：东西二渠

分会名称：第四分会 会址：蓝田县石头滩村 成立年月：二六年五月 分会长姓名：王来亭 约计溉地亩数（旧亩）：一千四百亩 管辖渠堰：梁家、安家、郭邦老、李家、王家、杜邦等六渠堰

分会名称：第五分会 会址：蓝田县陈家滩村 成立年月：二六年五月 分会长姓名：陈子书 约计溉地亩数（旧亩）：一千四百亩 管辖渠堰：陈家、贺家、蚂蚱、胡家、军刘、军堰六堰

分会名称：第六分会 会址：蓝田县罗李村 成立年月：二六年五月 分会长姓名：李鸿钧 约计溉地亩数（旧亩）：五百五十亩 管辖渠堰：粟家、罗李、蒋家、樊家四堰

分会名称：第七分会 会址：蓝田县新庄村 成立年月：二六年五月 分会长姓名：李宜之 约计溉地亩数（旧亩）：五百五十亩 管辖渠堰：陈家、西、荒滩、马家湾、民堰、河心寺六渠堰

分会名称：第八分会 会址：蓝田县辋峪川小寨村 成立年月：二六年五月 分会长姓名：王绍会 约计溉地亩数（旧亩）：九百五十亩 管辖渠堰：新老、柞水、焦马、守陌、上下新东河、嘴子、刘家八渠堰

分会名称：第九分会 会址：蓝田县北寨村 成立年月：二六年五月 分会长姓名：叶瑞荣 约计溉地亩数（旧亩）：二千三百五十亩 管辖渠堰：裹湾、二道、叶家、樊家、漪水、滋水、注水等共十渠堰

分会名称：第十分会 会址：蓝田县十里铺 成立年月：二

六年五月 分会长姓名：雷志声 约计溉地亩数（旧亩）：一千二百亩 管辖渠堰：十里铺、薛陈、席邓、十里河、刘家河等共七渠堰

分会名称：第十一分会 会址：蓝田县兀家崖 成立年月：二六年五月 分会长姓名：兀克兰 约计溉地亩数（旧亩）：三百亩 管辖渠堰：华山沟渠

分会名称：第十二分会 会址：蓝田县沙河村 成立年月：二六年五月 分会长姓名：胡宗翼 约计溉地亩数（旧亩）：一千八百亩 管辖渠堰：共济、沙河、泄湖故景、华胥等共七渠堰

分会名称：第十三分会 会址：蓝田县张家斜 成立年月：二六年五月 分会长姓名：张逢坤 约计溉地亩数（旧亩）：七百亩 管辖渠堰：红河渠

分会名称：第十四分会 会址：蓝田县十旗寨 成立年月：二六年五月 分会长姓名：张保山 约计溉地亩数（旧亩）：二千五百亩 管辖渠堰：华胥首、二、三、四及王家、张家、惠家、李家共九渠堰

潏河水利协会

分会名称：第一分会 会址：长安县水寨 成立年月：二六年五月 分会长姓名：王学问 约计溉地亩数（旧亩）：六分会共约六百亩 管辖渠堰：未详

分会名称：第二分会 会址：长安县王曲北堡 成立年月：二六年五月 分会长姓名：杨世钧 管辖渠堰：未详

分会名称：第三分会 会址：长安县王曲雷家圪塔 成立年

月：二六年五月 分会长姓名：雷天杰 管辖渠堰：未详

分会名称：第四分会 会址：长安县皇甫村 成立年月：二六年五月 分会长姓名：高怀信 管辖渠堰：未详

分会名称：第五分会 会址：长安县鱼包镇 成立年月：二六年五月 分会长姓名：恒玉琪 管辖渠堰：未详

分会名称：第六分会 会址：长安县贾李村 成立年月：二六年五月 分会长姓名：梁纪忠 管辖渠堰：未详

大峪河水利协会

分会名称：第一分会 会址：长安县柳林村 成立年月：二六年五月 分会长姓名：姚世恭 约计溉地亩数（旧亩）：三分会溉地未详 管辖渠堰：未详

分会名称：第二分会 会址：长安县关家村 成立年月：二六年五月 分会长姓名：关汉罴 管辖渠堰：未详

分会名称：第三分会 会址：长安县张义村 成立年月：二六年五月 分会长姓名：王居仁 管辖渠堰：未详

潏河水利协会

分会名称：第一分会 会址：长安县清水头 成立年月：二六年五月 分会长姓名：白焕章 约计溉地亩数（旧亩）：八分会共约二千亩 管辖渠堰：未详

分会名称：第二分会 会址：长安县三角坡 成立年月：二六年五月 分会长姓名：李志道 管辖渠堰：未详

分会名称：第三分会 会址：长安县稻地江村 成立年月：二六年五月 分会长姓名：高景元 管辖渠堰：未详

分会名称：第四分会 会址：长安县南寨村 成立年月：二六年五月 分会长姓名：赵秉寅 管辖渠堰：未详

分会名称：第五分会 会址：长安县韦兆村 成立年月：二六年五月 分会长姓名：李清友 管辖渠堰：未详

分会名称：第六分会 会址：长安县南樊村 成立年月：二六年五月 分会长姓名：李保庚 管辖渠堰：未详

分会名称：第七分会 会址：长安县小江村 成立年月：二六年五月 分会长姓名：杨永顺 管辖渠堰：未详

分会名称：第八分会 会址：长安县徐家寨 成立年月：二六年五月 分会长姓名：徐永义 管辖渠堰：未详

南沙河水利协会

分会名称：上盘堰水利分会 会址：城固县本堰堰头 成立年月：二四年五月 分会长姓名：约计溉地亩数（旧亩）：二千三百亩 管辖渠堰：渠道十六

分会名称：二盘堰水利分会 会址：城固县本堰堰头 成立年月：二四年五月 分会长姓名：约计溉地亩数（旧亩）：四千八百亩 管辖渠堰：渠道三十六

分会名称：三盘堰水利分会 会址：城固县本堰堰头 成立年月：二四年五月 分会长姓名：约计溉地亩数（旧亩）：二千亩 管辖渠堰：渠道十三

分会名称：平沙堰水利分会 会址：城固县本堰堰头 成立年月：二四年五月 分会长姓名：约计溉地亩数（旧亩）：一千七百亩 管辖渠堰：本堰及东西支渠二道

分会名称：韩小堰水利分会 会址：城固县本堰堰头 成立

年月：二四年五月 分会长姓名：约计溉地亩数（旧亩）：五百亩 管辖渠堰：渠道四

　　分会名称：刘小堰水利分会 会址：城固县德裕庵 成立年月：二四年五月 分会长姓名：舒晏海 约计溉地亩数（旧亩）：四百亩 管辖渠堰：渠道九

　　分会名称：莲花堰水利分会 会址：城固县莲花寺 成立年月：二四年五月 分会长姓名：申邦泰 约计溉地亩数（旧亩）：一千亩 管辖渠堰：本渠

　　分会名称：导流堰水利分会 会址：城固县梁家庙 成立年月：二四年五月 分会长姓名：张朝元 约计溉地亩数（旧亩）：四千八百亩 管辖渠堰：上中下三牌

　　分会名称：军民堰水利分会 会址：城固县小寨村天主堂 成立年月：二四年五月 分会长姓名：魏世昌 约计溉地亩数（旧亩）：一百亩 管辖渠堰：本渠

　　分会名称：万寿堰水利分会 会址：城固县胥家营庙 成立年月：二四年五月 分会长姓名：胥崇德 约计溉地亩数（旧亩）：三百六十亩 管辖渠堰：上下二牌

　　分会名称：陈小堰水利分会 会址：城固县陈家河 成立年月：二四年五月 分会长姓名：陈三兴 约计溉地亩数（旧亩）：四百三十亩 管辖渠堰：上中下三牌

　　分会名称：沙平堰水利分会 会址：城固县太平村香水寺 成立年月：二四年五月 分会长姓名：刘植崇 约计溉地亩数（旧亩）：六百五十亩 管辖渠堰：娃娃渠十三道

　　分会名称：吴小堰水利分会 会址：城固县徐家堡三元宫 成立年月：二四年五月 分会长姓名：徐永惠 约计溉地亩数

（旧亩）：三百亩 管辖渠堰：渠分档

法西河水利协会

　　分会名称：五渠堰水利分会 会址：西乡县 成立年月：二四年十一月 分会长姓名：周耀南 约计溉地亩数（旧亩）：八百亩 管辖渠堰：本渠

　　分会名称：东清堰水利分会 会址：西乡县 成立年月：二四年十一月 分会长姓名：严学诗 约计溉地亩数（旧亩）：六百亩 管辖渠堰：本渠

　　分会名称：高土堰水利分会 会址：西乡县 成立年月：二四年十一月 分会长姓名：李振艳 约计溉地亩数（旧亩）：六百亩 管辖渠堰：本渠

　　分会名称：官庄堰水利分会 会址：西乡县 成立年月：二四年十一月 分会长姓名：史甲成 约计溉地亩数（旧亩）：四百亩 管辖渠堰：本渠

恒河水利协会

　　分会名称：第一分会 会址：安康县档王庙 成立年月：二七年一月 分会长姓名：陈东轩 约计溉地亩数（旧亩）：一万亩 管辖渠堰：千工堰

　　分会名称：第二分会 会址：安康县草庵庙 成立年月：二七年一月 分会长姓名：郭纯如 约计溉地亩数（旧亩）：三千亩 管辖渠堰：万工堰

　　分会名称：第三分会 会址：安康县擂鼓台 成立年月：二七年一月 分会长姓名：姚善德 约计溉地亩数（旧亩）：二千一

百亩 管辖渠堰：永丰堰

总计：分会：一三二 共约计溉地亩数（旧亩）：二十万七千零九十亩

附注：温泉河、冶峪河、文川河三水利协会所辖分会情形未详，故暂不列。

陕西省民有渠堰款产保管委员会统计表

河流：濂水河 会名：石梯堰水利分会款产保管委员会 会址：南郑县 成立年月：二五年六月 委员姓名：萧锦焕

河流：褒河 会名：小斜堰水利第一分会保管委员会 会址：褒城县 成立年月：二五年七月 委员姓名：张步汉等四人

河流：褒河 会名：小斜堰水利第二分会保管委员会 会址：褒城县 成立年月：二五年七月 委员姓名：许焕新等六人

河流：褒河 会名：天赐水利第二分会保管委员会 会址：褒城县 成立年月： 委员姓名：唐运海等三人

河流：褒河 会名：堰水利分会保管委员会 会址：褒城县 成立年月：二五年十二月 委员姓名：李全喜等五人

河流：黄沙河 会名：堰水利分会保管委员会 会址：沔县 成立年月：二五年十二月 委员姓名：陈子健等五人

河流：冷水河 会名：堰水利分会保管委员会 会址：南郑县 成立年月：二五年十二月 委员姓名：杨高轩等九人

河流：南沙河 会名：堰水利分会保管委员会 会址：城固县 成立年月：二五年十二月 委员姓名：演林阁等九人

总计：八

陕西省各河流堤防协会及一览

河系：渭河 协会名称：沣河堤防协会 会址：长安县斗门镇 成立年月：二三年二月 组织形式总（处）分会（处）会：一；五 会长姓名：张乐山 堤防情形：

河系：渭河 协会名称：犹河堤防协会 会址：渭南县 成立年月：二三年三月 组织形式总（处）分会（处）会：一；三 会长姓名：宋尚志 堤防情形：东岸堤长七里，南由金家堡起，北至渭南止，顶宽二三尺，西岸堤长四十余丈，顶宽三四尺。

河系：渭河 协会名称：罗纹河堤防协会 会址：华县时村 成立年月：二三年三月 组织形式总（处）分会（处）会：一；四 会长姓名：张益斋 堤防情形：南由小汪村起，北至吴家村止，堤长约十五里顶宽一丈许。

河系：渭河 协会名称：石堤河堤防协会 会址：华县兰家 成立年月：二三年三月 组织形式总（处）分会（处）会：一；二 会长姓名：兰秉基 堤防情形：南由北沙堡起，至侯方镇北止，堤长十一二里，顶宽四五尺。

河系：渭河 协会名称：遇仙河堤防协会 会址：华县大涨乡之新村 成立年月：二三年三月 组织形式总（处）分会（处）会：一；六 会长姓名：刘竹轩 堤防情形：南由张家村起北至渭河止，堤长约十里，顶宽八九尺。

河系：渭河 协会名称：赤水河堤防协会 会址：华县赤水镇 成立年月：二四年三月 组织形式总（处）分会（处）会：一；五 会长姓名：杨笠丞 堤防情形：南由蔡郭村起，北至渭河止，堤长约五六里，顶宽三五尺。

河系：渭河 协会名称：宝鸡阳平镇渭河堤防协会 会址：宝鸡县阳平镇 成立年月：二四年二月 组织形式总（处）分会（处）会：一；五堤保段 会长姓名：王起功 堤防情形：全堤共分五堤保段，每堤保段各设段长三人。

河系：渭河 协会名称：产滔河堤防协会 会址：长安县灞桥镇学校 成立年月：二七年三月 组织形式总（处）分会（处）会：一；九 会长姓名：田驶龙 堤防情形：

河系：渭河 协会名称：绛南河堤防协会 会址：扶风县绛帐镇 成立年月：二七年三月 组织形式总（处）分会（处）会：一；二 会长姓名：冯智甫 堤防情形：

河系：渭河 协会名称：柳叶河堤防协会 会址：华阴县 成立年月：二八年八月组织形式总（处）分会（处）会：一；四 会长姓名：安虚中 堤防情形：

河系：渭河 协会名称：方山河堤防协会 会址：华阴县 成立年月：二九年一月 组织形式总（处）分会（处）会：一；四 会长姓名：王性天 堤防情形：

总计：协会：十一 组织形式总（处）分会（处）会：十一；四九 会长：十一

附注：灞河堤防协会原于二十四年成立，后以成绩毫无，遂于二十七年一月解散，与渭河合组一协会。

附 各协会所辖分会一览表

隶属协会：沣河堤防协会 分会名称：第一分会 会址：咸阳县 成立年月：二三年二月 会长姓名：何藻轩

隶属协会：沣河堤防协会 分会名称：第二分会 会址：长

安县 成立年月：二三年二月 会长姓名：王公由

隶属协会：沣河堤防协会 分会名称：第三分会 会址：长安县 成立年月：二三年二月 会长姓名：白乾三

隶属协会：沣河堤防协会 分会名称：第四分会 会址：鄠县 成立年月：二三年二月 会长姓名：梁云帆

隶属协会：沣河堤防协会 分会名称：第五分会 会址：长安县 成立年月：二三年三月 会长姓名：石恒义 备考：沣滈两河北头至梁家桥一段堤防重要故增段设

隶属协会：犹河堤防协会 分会名称：第一分会 会址：渭南县 成立年月：二三年三月 会长姓名：尚志

隶属协会：犹河堤防协会 分会名称：第二分会 会址：渭南县 成立年月：二三年三月 会长姓名：周凯

隶属协会：犹河堤防协会 分会名称：第三分会 会址：渭南县 成立年月：二三年三月 会长姓名：刘清波

隶属协会：罗纹河堤防协会 分会名称：第一分会 会址：华县 成立年月：二三年三月 会长姓名：武丕烈

隶属协会：罗纹河堤防协会 分会名称：第二分会 会址：华县 成立年月：二三年三月 会长姓名：时幼阶

隶属协会：罗纹河堤防协会 分会名称：第三分会 会址：华县 成立年月：二三年三月 会长姓名：刘景祥

隶属协会：罗纹河堤防协会 分会名称：第四分会 会址：华县 成立年月：二三年三月 会长姓名：吴培沅

隶属协会：石堤河堤防协会 分会名称：第一分会 会址：华县 成立年月：二三年三月 会长姓名：兰秉基 备考：辖东岸堤防又分七段每段设段长一人

隶属协会：石堤河堤防协会 分会名称：第二分会 会址：华县 成立年月：二三年三月 会长姓名：杨景时 备考：辖西岸堤防又分六段每段设段长一人

隶属协会：遇仙河堤防协会 分会名称：第一分会 会址：华县 成立年月：二三年三月 会长姓名：薛毓明

隶属协会：遇仙河堤防协会 分会名称：第二分会 会址：华县 成立年月：二三年三月 会长姓名：吴集春

隶属协会：遇仙河堤防协会 分会名称：第三分会 会址：华县 成立年月：二三年三月 会长姓名：马文信

隶属协会：遇仙河堤防协会 分会名称：第四分会 会址：华县 成立年月：二三年三月 会长姓名：李酉由

隶属协会：遇仙河堤防协会 分会名称：第五分会 会址：华县 成立年月：二三年三月 会长姓名：白生义

隶属协会：遇仙河堤防协会 分会名称：第六分会 会址：华县 成立年月：二三年三月 会长姓名：王起鳌

隶属协会：赤水河堤防协会 分会名称：第一分会 会址：华县 成立年月：二五年四月 会长姓名：张思问

隶属协会：赤水河堤防协会 分会名称：第二分会 会址：华县 成立年月：二五年四月 会长姓名：姚佐唐

隶属协会：赤水河堤防协会 分会名称：第三分会 会址：华县 成立年月：二五年四月 会长姓名：韩福顺

隶属协会：赤水河堤防协会 分会名称：第四分会 会址：华县 成立年月：二五年四月 会长姓名：魏书堂

隶属协会：赤水河堤防协会 分会名称：第五分会 会址：华县 成立年月：二五年四月 会长姓名：刘学忠

隶属协会：宝鸡阳平镇渭河堤防协会 分会名称：第一堤保段 会址：宝鸡县阳平镇 成立年月：二四年二月 会长姓名：土枝荣、孙江海、杨汉应 备考：每堤保段设段长三人

隶属协会：宝鸡阳平镇渭河堤防协会 分会名称：第二堤保段 会址：宝鸡县阳平镇 成立年月：二四年二月 会长姓名：刘遇辰、梁心房、王建业 备考：同上

隶属协会：宝鸡阳平镇渭河堤防协会 分会名称：第三堤保段 会址：宝鸡县阳平镇 成立年月：二四年二月 会长姓名：刘梦寅、梁金魁、梁鼎铭 备考：同上

隶属协会：宝鸡阳平镇渭河堤防协会 分会名称：第四堤保段 会址：宝鸡县阳平镇 成立年月：二四年二月 会长姓名：刘德铨、冶生金、曹闻道 备考：同上

隶属协会：宝鸡阳平镇渭河堤防协会 分会名称：第五堤保段 会址：宝鸡县阳平镇 成立年月：二四年二月 会长姓名：戴青云、甯世俊、李庆余 备考：同上

隶属协会：灞河堤防协会 分会名称：第一分会 会址：长安县曹家堡 成立年月：二七年二月 会长姓名：柴培华

隶属协会：灞河堤防协会 分会名称：第二分会 会址：长安韩先庄 成立年月：二七年二月 会长姓名：张俊杰

隶属协会：灞河堤防协会 分会名称：第三分会 会址：长安车张沟 成立年月：二七年二月 会长姓名：杨宗树

隶属协会：灞河堤防协会 分会名称：第四分会 会址：长安灞桥镇 成立年月：二七年二月 会长姓名：李仰白

隶属协会：灞河堤防协会 分会名称：第五分会 会址：长安灞桥镇 成立年月：二七年二月 会长姓名：陆少宣

隶属协会：灞河堤防协会 分会名称：第六分会 会址：长安井上村 成立年月：二七年二月 会长姓名：张雨村

隶属协会：灞河堤防协会 分会名称：第七分会 会址：长安新筑镇 成立年月：二七年二月 会长姓名：杜理卿

隶属协会：灞河堤防协会 分会名称：第八分会 会址：长安新筑镇 成立年月：二七年二月 会长姓名：陈宝华

隶属协会：灞河堤防协会 分会名称：第九分会 会址：长安草滩镇 成立年月：二七年二月 会长姓名：苏明钦

隶属协会：赣南渭河堤防协会 分会名称：第一分会 会址：扶风县绛帐镇 成立年月：二七年二月 会长姓名：罗子谦

隶属协会：赣南渭河堤防协会 分会名称：第二分会 会址：扶风县绛帐镇 成立年月：二七年二月 会长姓名：罗升荣

隶属协会：柳叶河堤防协会 分会名称：第一分会 会址：华县定远乡 成立年月：二八年七月 会长姓名：张兆荣

隶属协会：柳叶河堤防协会 分会名称：第二分会 会址：华县太华乡 成立年月：二八年七月 会长姓名：翟光海

隶属协会：柳叶河堤防协会 分会名称：第三分会 会址：潼关县永清乡 成立年月：二八年七月 会长姓名：张效铭

隶属协会：柳叶河堤防协会 分会名称：第四分会 会址：华县仁里乡 成立年月：二八年七月 会长姓名：程俊佐

隶属协会：方山河堤防协会 分会名称：第一分会 会址：华阴县 成立年月：二八年十二月 会长姓名：丑全禄

隶属协会：方山河堤防协会 分会名称：第二分会 会址：华阴县 成立年月：二八年十二月 会长姓名：任栋丞

隶属协会：方山河堤防协会 分会名称：第三分会 会址：

华阴县 成立年月：二八年十二月 会长姓名：张鸿儒

隶属协会：方山河堤防协会 分会名称：第四分会 会址：
华阴县 成立年月：二八年十二月 会长姓名：刘兴业

总计：分会：四十九 备考：以上各分会各设有段长堤长若干人

资料来源：《陕西省水利季报》1930年第五卷第三、四期合刊

致　谢

　　毫无疑问，首先要感谢业师庄孔韶教授在人类学领域对我的方向性指引。庄师不仅以文化的方式来沉思人性呈现的多样性这类形上问题，而且还是一位饱含现实情怀的行动主义者。其多向度的学术风格给人留下了深刻的印象。我相信，追随庄师的三年时间将对我今后的学术之路产生无比深远的影响。

　　我的文献工作与田野工作之所以能顺利展开是与下列诸位师友的帮助密不可分的，他们是：李万生研究员（中国社会科学院历史所）、王双怀教授（陕西师范大学历史系）、王建民教授（中央民族大学民族学系）、张海洋教授（中央民族大学民族学系）、潘蛟教授（中央民族大学民族学系）、陈长平教授（中央民族大学民族学系）、张新民教授（贵州大学人文学院）、潘守永教授（中央民族大学民族学系）、兰林友教授（中央民族大学民族学系）、周泓研究员（中国社会科学院民族所）、王天喜先生（陕西省三原县文物局）、王占胜先生（陕西省三原县鲁桥镇）、张新民先生（陕西省三原县鲁桥镇）、杨玉杰先生（陕西省三原县鲁桥镇）、谷力先生（陕西省泾惠渠管理局）、刘安琴女士（陕西省图书馆特藏部）。谨此一并致谢。

另外，在"无形学院"中给予诸多启迪和灵感的师友也是必须要感谢的。这些师友是如此之多，在此已无法一一列出他们的姓名。想要表达的是，你们的影响在我的写作中无处不在。

值得提及的是，远在斯坦福大学求学的彭睿先生以最快的速度向我提供了一份重要的英文文献，同样法国远东学院北京中心的华澜（Alain Arrault）先生在素不相识的情况下向我提供了两份法文文献。他们的友好之举使本文的写作拥有了更广阔的学术资源。故作特别的感谢。

一般说来，从事静默的工作特别需要家人的理解和支持。幸运的是她们给予的理解和支持已大大超出了我的期待。因此，在此向她们表达感激之情并不是多余的。

在此我还要向中国社会科学出版社表示感谢，向参与编辑和校对的老师们一并致谢。